M000197739

enVision® Matemáticas

Volumen 2 Temas 9 a 14

Autores

Randall I. Charles
Professor Emeritus
Department of Mathematics
San Jose State University
San Jose, California

Jennifer Bay-Williams
Professor of Mathematics Education
College of Education and Human
Development
University of Louisville
Louisville, Kentucky

Robert Q. Berry, III
Professor of Mathematics Education
Department of Curriculum,
Instruction and Special Education
University of Virginia
Charlottesville, Virginia

Janet H. Caldwell
Professor Emerita
Department of Mathematics
Rowan University
Glassboro, New Jersey

Zachary Champagne
Assistant in Research
Florida Center for Research in Science,
Technology, Engineering, and
Mathematics (FCR-STEM)
Jacksonville, Florida

Juanita Copley
Professor Emerita, College of Education
University of Houston
Houston, Texas

Warren Crown
Professor Emeritus of Mathematics
Education
Graduate School of Education
Rutgers University
New Brunswick, New Jersey

Francis (Skip) Fennell
Professor Emeritus of
Education and Graduate and
Professional Studies
McDaniel College
Westminster, Maryland

Karen Karp
Professor of
Mathematics Education
School of Education
Johns Hopkins University
Baltimore, Maryland

Stuart J. Murphy
Visual Learning Specialist
Boston, Massachusetts

Jane F. Schielack
Professor Emerita
Department of Mathematics
Texas A&M University
College Station, Texas

Jennifer M. Suh
Associate Professor for
Mathematics Education
George Mason University
Fairfax, Virginia

Jonathan A. Wray
Mathematics Supervisor
Howard County Public Schools
Ellicott City, Maryland

SAVVAS
LEARNING COMPANY

Matemáticos

Roger Howe
Professor of Mathematics
Yale University
New Haven, Connecticut

Gary Lippman
Professor of Mathematics and
Computer Science
California State University, East Bay
Hayward, California

Asesores de ELL

Janice R. Corona
Independent Education Consultant
Dallas, Texas

Jim Cummins
Professor
The University of Toronto
Toronto, Canada

Revisores

Katina Arnold
Teacher
Liberty Public School District
Kansas City, Missouri

Christy Bennett
Elementary Math and Science
Specialist
DeSoto County Schools
Hernando, Mississippi

Shauna Bostick
Elementary Math Specialist
Lee County School District
Tupelo, Mississippi

Samantha Brant
Teacher
Platte County School District
Platte City, Missouri

Jamie Clark
Elementary Math Coach
Allegany County Public Schools
Cumberland, Maryland

Shauna Gardner
Math and Science Instructional Coach
DeSoto County Schools
Hernando, Mississippi

Kathy Graham
Educational Consultant
Twin Falls, Idaho

Andrea Hamilton
K-5 Math Specialist
Lake Forest School District
Felton, Delaware

Susan Hankins
Instructional Coach
Tupelo Public School District
Tupelo, Mississippi

Barb Jamison
Teacher
Excelsior Springs School District
Excelsior Springs, Missouri

Pam Jones
Elementary Math Coach
Lake Region School District
Bridgton, Maine

Sherri Kane
Secondary Mathematics
Curriculum Specialist
Lee's Summit R7 School District
Lee's Summit, Missouri

Jessica Leonard
ESOL Teacher
Volusia County Schools
DeLand, Florida

Jill K. Milton
Elementary Math Coordinator
Norwood Public Schools
Norwood, Massachusetts

Jamie Pickett
Teacher
Platte County School District
Kansas City, Missouri

Mandy Schall
Math Coach
Allegany County Public Schools
Cumberland, Maryland

Marjorie Stevens
Math Consultant
Utica Community Schools
Shelby Township, Michigan

Shyree Stevenson
ELL Teacher
Penns Grove-Carneys Point
Regional School District
Penns Grove, New Jersey

Kayla Stone
Teacher
Excelsior Springs School District
Excelsior Springs, Missouri

Sara Sultan
PD Academic Trainer, Math
Tucson Unified School District
Tucson, Arizona

Angela Waltrup
Elementary Math Content Specialist
Washington County Public Schools
Hagerstown, Maryland

Copyright © 2020 by Savvas Learning Company LLC. All Rights Reserved. Printed in the United States of America.

This publication is protected by copyright, and permission should be obtained from the publisher prior to any prohibited reproduction, storage in a retrieval system, or transmission in any form or by any means, electronic, mechanical, photocopying, recording, or otherwise. For information regarding permissions, request forms, and the appropriate contacts within the Savvas Learning Company Rights Management group, please send your query to the address below.

Savvas Learning Company LLC, 15 East Midland Avenue, Paramus, NJ 07652

Savvas™ and **Savvas Learning Company™** are the exclusive trademarks of Savvas Learning Company LLC in the U.S. and other countries.

Savvas Learning Company publishes through its famous imprints **Prentice Hall®** and **Scott Foresman®** which are exclusive registered trademarks owned by Savvas Learning Company LLC in the U.S. and/or other countries.

enVision® and **Savvas Realize™** are exclusive trademarks of Savvas Learning Company LLC in the U.S. and/or other countries.

Unless otherwise indicated herein, any third party trademarks that may appear in this work are the property of their respective owners, and any references to third party trademarks, logos, or other trade dress are for demonstrative or descriptive purposes only. Such references are not intended to imply any sponsorship, endorsement, authorization, or promotion of Savvas Learning Company products by the owners of such marks, or any relationship between the owner and Savvas Learning Company LLC or its authors, licensees, or distributors.

SAVVAS
LEARNING COMPANY

ISBN-13: 978-0-13-496275-7
ISBN-10: 0-13-496275-3

Recursos digitales

¡Usarás estos recursos digitales a lo largo del año escolar!

Visita SavvasRealize.com

 Libro del estudiante
Tienes acceso en línea y fuera de línea.

 Aprendizaje visual
Interactúa con el aprendizaje visual animado.

 Evaluación
Muestra lo que aprendiste.

 Cuaderno de práctica adicional
Tienes acceso en línea y fuera de línea.

 Amigo de práctica
Haz prácticas interactivas en línea.

 Herramientas matemáticas
Explora las matemáticas con herramientas digitales.

 Glosario
Lee y escucha en inglés y en español.

SAVVAS realize™ Todo lo que necesitas para las matemáticas a toda hora y en cualquier lugar.

¡Hola! Estamos aquí para ayudarte. ¡Que tengas un buen año escolar!
Me llamo Jada.
Me llamo Emily.
Me llamo Marta.
Me llamo Carlos.
Me llamo Daniel.
Me llamo Alex.
Me llamo Jackson.

Contenido

Recursos digitales en SavvasRealize.com

TEMAS

1. Números del 0 al 5
2. Comparar números del 0 al 5
3. Números del 6 al 10
4. Comparar números del 0 al 10
5. Clasificar y contar datos
6. La suma
7. La resta
8. Más sobre la suma y la resta
9. Contar números hasta el 20
10. Componer y descomponer números del 11 al 19
11. Contar números hasta 100
12. Identificar y describir figuras
13. Analizar, comparar y crear figuras
14. Describir y comparar atributos medibles

¡Recuerda que tu Libro del estudiante está disponible en SavvasRealize.com!

SavvasRealize.com

TEMA 1 en el volumen 1
Números del 0 al 5

Proyecto de **enVision**® STEM 1
Repasa lo que sabes 2
Escoge un proyecto 3
Matemáticas en 3 actos: Vistazo: Pon la mesa 4

1-1   **Contar 1, 2 y 3** 5

1-2   **Reconocer 1, 2 y 3 en diferentes ordenaciones** 9

1-3   **Leer, formar y escribir 1, 2 y 3** 13

1-4   **Contar 4 y 5** 17

1-5   **Reconocer 4 y 5 en diferentes ordenaciones** 21

1-6   **Leer, formar y escribir 4 y 5** 25

1-7   **Identificar el número 0** 29

1-8   **Leer y escribir 0** 33

1-9   **Números hasta el 5** 37

1-10   **RESOLUCIÓN DE PROBLEMAS Construir argumentos** 41

Repaso del vocabulario 45
Refuerzo 47
Práctica para la evaluación del tema 51
Tarea de rendimiento del tema 55

TEMA 2 en el volumen 1
Comparar números del 0 al 5

Proyecto de **enVision**® STEM 57
Repasa lo que sabes 58
Escoge un proyecto 59

2-1   **Grupos iguales** 61

2-2   **Mayor que** 65

2-3   **Menor que** 69

2-4   **Comparar grupos de hasta el 5 al contar** 73

2-5   **RESOLUCIÓN DE PROBLEMAS Representar con modelos matemáticos** 77

Repaso del vocabulario 81
Refuerzo 83
Práctica para la evaluación del tema 85
Tarea de rendimiento del tema 87

Copyright © Savvas Learning Company LLC. All Rights Reserved.

TEMA 3 en el volumen 1
Números del 6 al 10

Proyecto de **enVision**® STEM 89

Repasa lo que sabes 90

Escoge un proyecto 91

Matemáticas en 3 actos: Vistazo: A puñados 92

3-1   **Contar 6 y 7** 93

3-2   **Leer, formar y escribir 6 y 7** 97

3-3   **Contar 8 y 9** 101

3-4   **Leer, formar y escribir 8 y 9** 105

3-5   **Contar 10** 109

3-6   **Leer, formar y escribir 10** 113

3-7   **Contar números hasta el 10** 117

3-8   **RESOLUCIÓN DE PROBLEMAS Buscar y usar la estructura** 121

Repaso del vocabulario 125

Refuerzo 127

Práctica para la evaluación del tema 131

Tarea de rendimiento del tema 135

TEMA 4 en el volumen 1
Comparar números del 0 al 10

Proyecto de **enVision**® STEM 137

Repasa lo que sabes 138

Escoge un proyecto 139

4-1   **Comparar grupos de hasta el 10 al emparejar** 141

4-2   **Comparar números usando numerales hasta el 10** 145

4-3   **Comparar grupos de hasta el 10 al contar** 149

4-4   **Comparar números hasta el 10** 153

4-5   **RESOLUCIÓN DE PROBLEMAS Razonamientos repetidos** 157

Repaso del vocabulario 161

Refuerzo 163

Práctica para la evaluación del tema 165

Tarea de rendimiento del tema 167

TEMA 5 en el volumen 1

Clasificar y contar datos

Proyecto de **enVision**® STEM 169

Repasa lo que sabes 170

Escoge un proyecto 171

Matemáticas en 3 actos: Vistazo: Rayas y sólidos 172

5-1   **Clasificar objetos en categorías** 173

5-2   **Contar la cantidad de objetos por categoría** 177

5-3   **Agrupar las categorías al contar** 181

5-4   **RESOLUCIÓN DE PROBLEMAS Evaluar el razonamiento** 185

Repaso del vocabulario 189

Refuerzo 191

Práctica para la evaluación del tema 193

Tarea de rendimiento del tema 195

TEMA 6 en el volumen 1

La suma

Proyecto de **enVision**® STEM 197

Repasa lo que sabes 198

Escoge un proyecto 199

6-1   **Explorar la suma** 201

6-2   **Representar la suma como añadir** 205

6-3   **Representar la suma como juntar** 209

6-4   **Representar y explicar la suma con ecuaciones** 213

6-5   **Resolver problemas verbales de suma: Añadir** 217

6-6   **Resolver problemas verbales de suma: Juntar** 221

6-7   **Usar patrones para adquirir fluidez en la suma** 225

6-8   **RESOLUCIÓN DE PROBLEMAS Representar con modelos matemáticos** 229

Repaso del vocabulario 233

Refuerzo 235

Práctica para la evaluación del tema 239

Tarea de rendimiento del tema 243

Copyright © Savvas Learning Company LLC. All Rights Reserved.

TEMA 7 en el volumen 1
La resta

Proyecto de **enVision**® STEM 245

Repasa lo que sabes 246

Escoge un proyecto 247

Matemáticas en 3 actos: Vistazo: Ensalada de frutas. 248

7-1 **Explorar la resta** 249

7-2 **Representar la resta como separar** 253

7-3 **Representar la resta como quitar** 257

7-4 **Representar y explicar la resta con ecuaciones**. 261

7-5 **Resolver problemas verbales de resta: Quitar y separar** 265

7-6 **Usar patrones para adquirir fluidez en la resta** 269

7-7 **RESOLUCIÓN DE PROBLEMAS Usar herramientas apropiadas** . 273

Repaso del vocabulario 277

Refuerzo. 279

Práctica para la evaluación del tema 283

Tarea de rendimiento del tema. 287

TEMA 8 en el volumen 1
Más sobre la suma y la resta

Proyecto de **enVision**® STEM 289

Repasa lo que sabes 290

Escoge un proyecto. 291

8-1 **Descomponer 5 para resolver problemas**. 293

8-2 **Operaciones relacionadas**. 297

8-3 **RESOLUCIÓN DE PROBLEMAS Razonar** 301

8-4 **Sumar y restar con fluidez hasta el 5**. 305

8-5 **Descomponer 6 y 7 para resolver problemas** 309

8-6 **Descomponer 8 y 9 para resolver problemas** 313

8-7 **Maneras de formar 10** 317

8-8 **Descomponer 10 para resolver problemas**. 321

8-9 **Hallar la parte que falta de 10**. 325

8-10 **Más sobre hallar la parte que falta de 10** 329

Actividad de práctica de fluidez 333

Repaso del vocabulario 334

Refuerzo. 335

Práctica para la evaluación del tema 339

Tarea de rendimiento del tema. 343

SavvasRealize.com

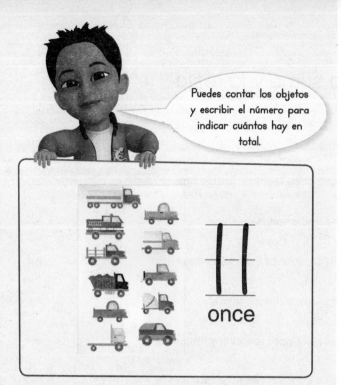

Puedes contar los objetos y escribir el número para indicar cuántos hay en total.

once

TEMA 9
Contar números hasta el 20

Proyecto de **enVision®** STEM 345

Repasa lo que sabes 346

Escoge un proyecto 347

Matemáticas en 3 actos: Vistazo: Directo de la granja 348

9-1   **Contar, leer y escribir 11 y 12** 349

9-2   **Contar, leer y escribir 13, 14 y 15** 353

9-3   **Contar, leer y escribir 16 y 17** 357

9-4   **Contar, leer y escribir 18, 19 y 20** 361

9-5   **Contar hasta el 20 desde cualquier número** 365

9-6   **Contar para hallar cuántos hay** 369

9-7   **RESOLUCIÓN DE PROBLEMAS Razonar** 373

Actividad de práctica de fluidez 377

Repaso del vocabulario 378

Refuerzo. 379

Práctica para la evaluación del tema 381

Tarea de rendimiento del tema. 383

Copyright © Savvas Learning Company LLC. All Rights Reserved.

La ecuación indica cuántos cubos hay en total.

$$10 + 2 = 12$$

TEMA 10
Componer y descomponer números del 11 al 19

Proyecto de **enVision**® STEM 385

Repasa lo que sabes 386

Escoge un proyecto 387

10-1 Formar 11, 12 y 13 389

10-2 Formar 14, 15 y 16 393

10-3 Formar 17, 18 y 19 397

10-4 Hallar las partes de 11, 12 y 13 401

10-5 Hallar las partes de 14, 15 y 16 405

10-6 Hallar las partes de 17, 18 y 19 409

10-7 RESOLUCIÓN DE PROBLEMAS Buscar y usar la estructura 413

Actividad de práctica de fluidez 417

Repaso del vocabulario 418

Refuerzo. 419

Práctica para la evaluación del tema 423

Tarea de rendimiento del tema. 427

Puedes usar parte de una tabla de 100 para contar y hallar patrones.

1	2	3	4	5	6	7	8	9	10
11	12	13	14	15	16	17	18	19	20
21	22	23	24	25	26	27	28	29	30

TEMA 11
Contar números hasta 100

Proyecto de **enVision**® STEM 429

Repasa lo que sabes 430

Escoge un proyecto 431

Matemáticas en 3 actos: Vistazo: Apiladas 432

11-1 Contar hasta el 30 usando patrones 433

11-2 Contar de 1 en 1 y de 10 en 10 hasta el 50 437

11-3 Contar de 10 en 10 hasta 100 441

11-4 Contar de 1 en 1 hasta 100 445

11-5 RESOLUCIÓN DE PROBLEMAS **Buscar y usar la estructura** 449

Actividad de práctica de fluidez 453

Repaso del vocabulario 454

Refuerzo 455

Práctica para la evaluación del tema 457

Tarea de rendimiento del tema 459

Copyright © Savvas Learning Company LLC. All Rights Reserved.

Hay objetos planos y sólidos en nuestro entorno. La hoja de libreta y el sobre de carta son objetos planos. La taza y la caja de pañuelos son objetos sólidos.

TEMA 12
Identificar y describir figuras

Proyecto de **enVision**® STEM 461

Repasa lo que sabes 462

Escoge un proyecto 468

12-1 Figuras bidimensionales y tridimensionales 465

12-2 Círculos y triángulos 469

12-3 Cuadrados y otros rectángulos 473

12-4 Hexágonos 477

12-5 Sólidos 481

12-6 Describir figuras en el entorno 485

12-7 RESOLUCIÓN DE PROBLEMAS Precisión 489

Actividad de práctica de fluidez 493

Repaso del vocabulario 494

Refuerzo 495

Práctica para la evaluación del tema 499

Tarea de rendimiento del tema 503

El lado de este cubo es un cuadrado.

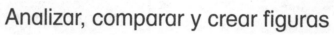

TEMA 13
Analizar, comparar y crear figuras

Proyecto de **enVision**® STEM 505

Repasa lo que sabes 506

Escoge un proyecto 507

Matemáticas en 3 actos: Vistazo: Ensamblados 508

13-1   **Analizar y comparar figuras bidimensionales** 509

13-2   **Analizar y comparar figuras tridimensionales** 513

13-3   **Comparar figuras bidimensionales y tridimensionales** 517

13-4   **RESOLUCIÓN DE PROBLEMAS Entender y perseverar** 521

13-5   **Hacer figuras bidimensionales de otras figuras bidimensionales** 525

13-6   **Construir figuras bidimensionales** 529

13-7   **Construir figuras tridimensionales** 533

Actividad de práctica de fluidez 537

Repaso del vocabulario 538

Refuerzo. 539

Práctica para la evaluación del tema 541

Tarea de rendimiento del tema. 543

Copyright © Savvas Learning Company LLC. All Rights Reserved.

Puedes comparar los tamaños de diferentes objetos.

Más bajo

TEMA 14
Describir y comparar atributos medibles

Proyecto de **enVision**® STEM 545

Repasa lo que sabes 546

Escoge un proyecto 547

14-1 Describir y comparar según la longitud y la altura 549

14-2 Describir y comparar según la capacidad. 553

14-3 Describir y comparar según el peso. 557

14-4 Describir objetos según sus atributos medibles. 561

14-5 Describir y comparar objetos según sus atributos medibles 565

14-6 **RESOLUCIÓN DE PROBLEMAS Precisión**. 569

Actividad de práctica de fluidez 573

Repaso del vocabulario 574

Refuerzo. 575

Práctica para la evaluación del tema 577

Tarea de rendimiento del tema. 579

Manual de Prácticas matemáticas y resolución de problemas

El **Manual de Prácticas matemáticas y resolución de problemas** está disponible en SavvasRealize.com.

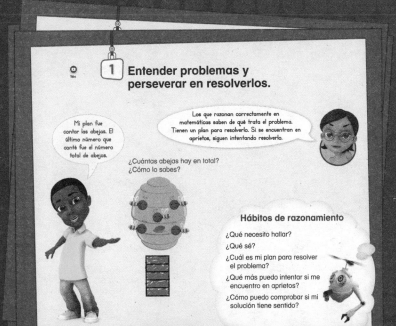

Prácticas matemáticas

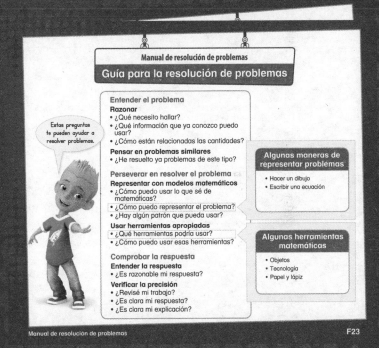

Guía para la resolución de problemas

Resolución de problemas: Hoja de anotaciones

Contar números hasta el 20

Pregunta esencial: ¿Cómo puedes contar, leer, escribir y representar los números hasta el 20 para indicar cuántos hay?

Recursos digitales

 Libro del estudiante

 Aprendizaje visual

 Práctica

 Evaluación

 Herramientas

 Glosario

Algunas plantas tienen frutas para proteger sus semillas.

Naranjas

Proyecto de enVision STEM: ¿Qué podemos obtener de las plantas?

Instrucciones Lea el diálogo a los estudiantes. **¡Investigar!** Pida a los estudiantes que investiguen las maneras en que las plantas influyen en el medio ambiente. Diga: *Hablen con sus amigos y familiares sobre lo que representan las plantas para el medio ambiente. Pregúntenles cómo las personas y los animales usan lo que hay en su medio ambiente o en su entorno, como las plantas, para satisfacer sus necesidades.* **Diario: Hacer un cartel** Pida a los estudiantes que dibujen en un cartel algunas maneras en que las plantas pueden proveer comida y albergue para los animales y los seres humanos. Luego, pídales que dibujen un naranjo con 15 naranjas.

Nombre _____

1

$$5 + 4 = 9$$

$$5 - 4 = 1$$

2

$$6 - 3 = 3$$

3

$$7 - 4 = 3$$

4

5 15 10

5

_____ _____ _____

– – – – – + – – – – = – – – –

_____ _____ _____

Instrucciones Pida a los estudiantes que: **1** encierren en un círculo la ecuación que muestra la suma; **2** encierren en un círculo el signo menos; **3** encierren en un círculo la diferencia; **4** encierren en un círculo el número que indica cuántas fichas se muestran; **5** cuenten las fichas rojas, cuenten las fichas amarillas y luego escriban la ecuación para hallar la suma.

 Copyright © Savvas Learning Company LLC. All Rights Reserved. **Tema 9**

Nombre _____

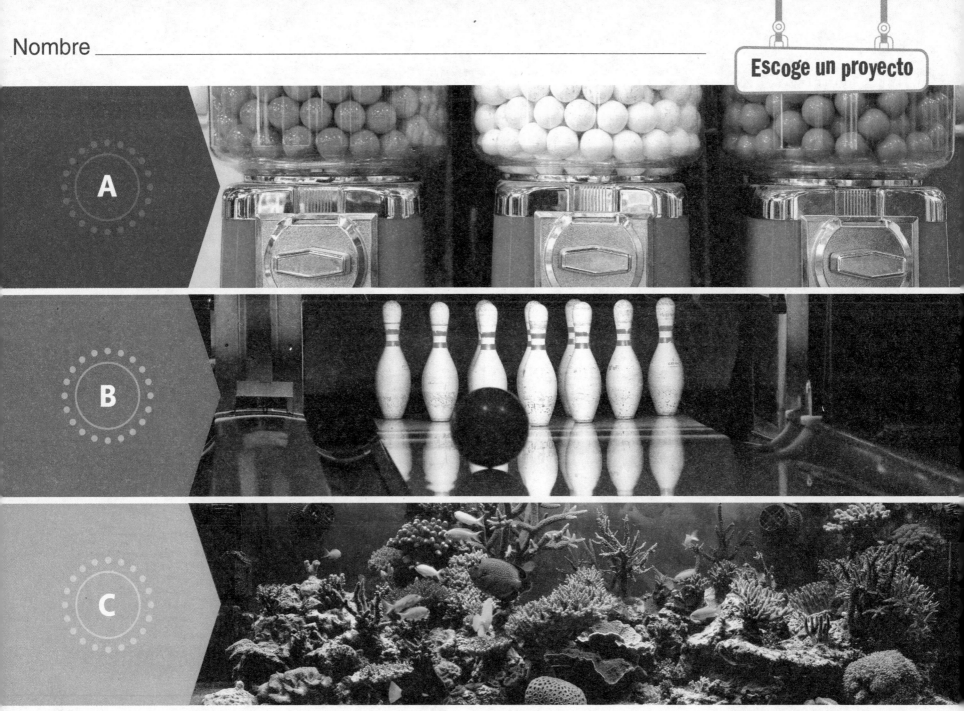

A

B

C

Instrucciones   Diga: *Escogerán uno de estos proyectos. Miren la fotografía* **A**. *Piensen en esta pregunta: ¿Pueden contar todas las gomas de mascar? Si escogen el Proyecto A, jugarán a un juego de contar hasta el 20. Miren la fotografía* **B**. *Piensen en esta pregunta: ¿Cuál es su deporte favorito? Si escogen el Proyecto B, contarán un cuento sobre deportes usando números. Miren la fotografía* **C**. *Piensen en esta pregunta: ¿Qué tipos de peces serían buenas mascotas? Si escogen este proyecto, harán un modelo de una pecera.*

MATEMÁTICAS EN 3 ACTOS: VISTAZO

Representación matemática

Directo de la granja

Video

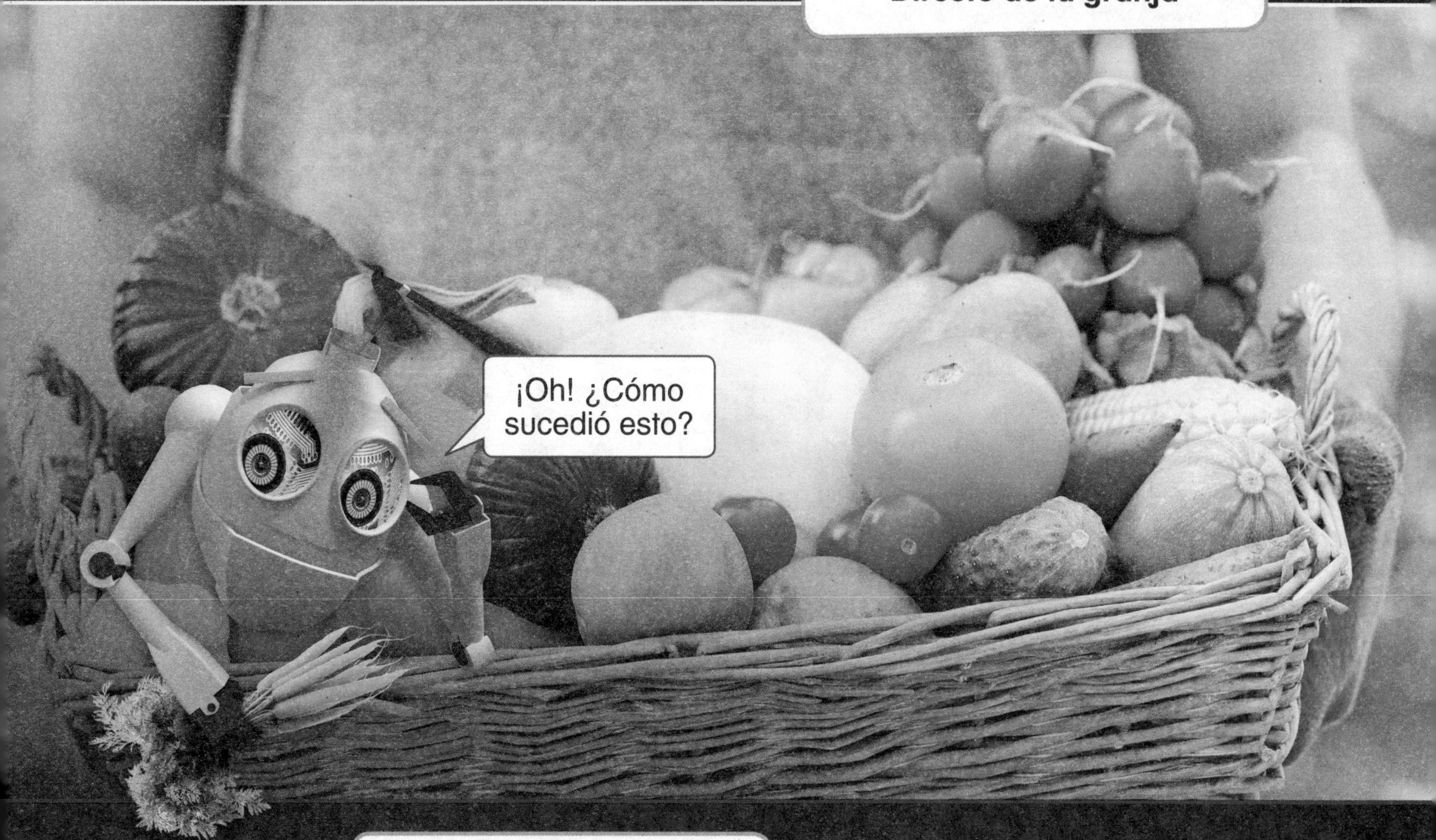
¡Oh! ¿Cómo sucedió esto?

Instrucciones Lea a los estudiantes la burbuja de diálogo del robot. **Crear interés** Pregúnteles qué verduras les gustan más. Diga: *¿Qué verduras podríamos usar para hacer una ensalada? ¿Qué verduras les gustan?* Pida a la clase que decida qué verduras comprarían para hacer una ensalada.

Puedo...
representar con modelos matemáticos para contar grupos y comparar para resolver un problema.

Copyright © Savvas Learning Company LLC. All Rights Reserved.

Resuélvelo y coméntalo

Nombre _____

Instrucciones Diga: *Carlos tiene una colección de carros de juguete. ¿Cómo puede Carlos mostrar cuántos carros tiene? Usen fichas y luego júntenlas de dos maneras diferentes para contar más fácilmente. Dibújenlas para mostrar una de las maneras.*

Puedo... contar y escribir los números 11 y 12.

También puedo hacer mi trabajo con precisión.

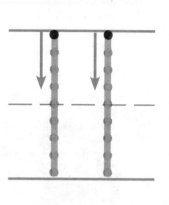

once

✰ Práctica guiada

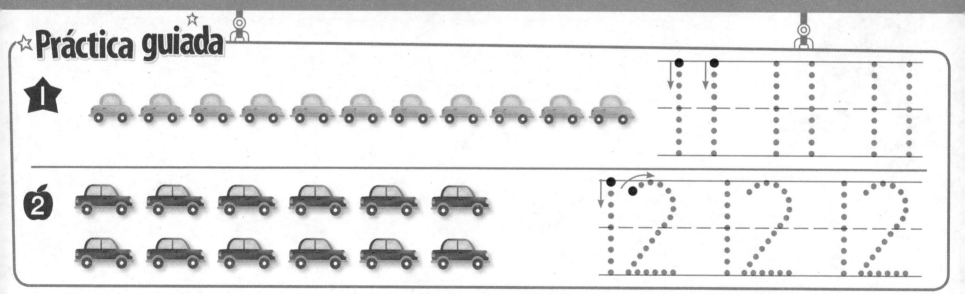

Instrucciones ⭐ y ✌ Pida a los estudiantes que cuenten los carros que hay en cada grupo y luego practiquen la escritura del número que indica cuántos carros hay.

Copyright © Savvas Learning Company LLC. All Rights Reserved.

Tema 9 | Lección 1

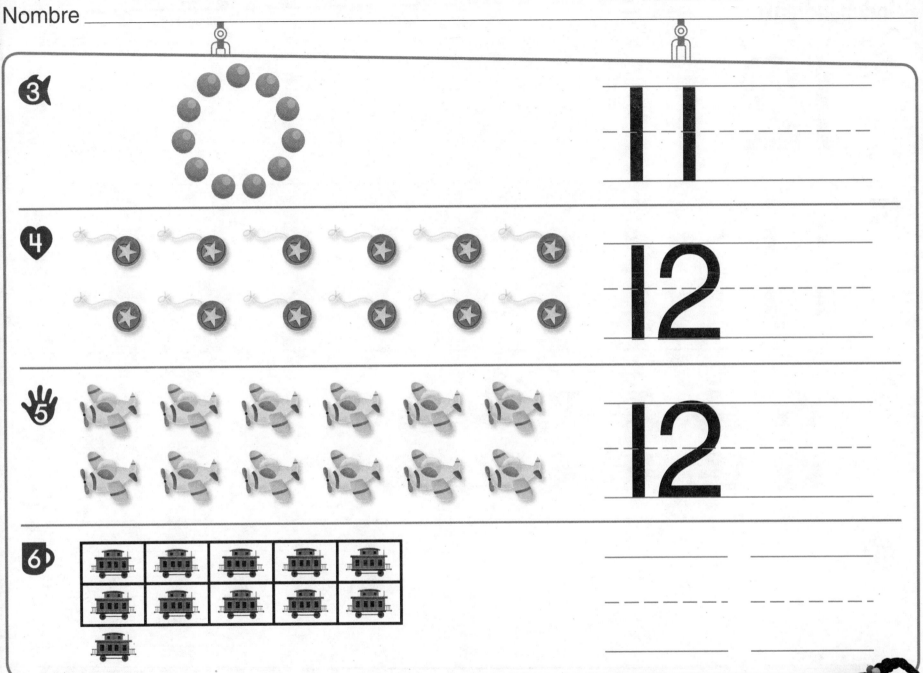

3 11

4 12

5 12

6

Instrucciones **3** a **5** Pida a los estudiantes que cuenten los juguetes que hay en cada grupo, usen fichas para mostrar cuántos hay y luego practiquen la escritura del número que indica cuántos hay. **6 Sentido numérico** Pida a los estudiantes que cuenten los carros de tren, escriban el número que indica cuántos hay y luego escriban el número que viene después de ese número.

☆

7 12

_____

8 11

_____

9

_____
- -
_____

_____

10

_____
- -
_____

_____

Instrucciones **7** y **8** Pida a los estudiantes que usen fichas para formar el número y que dibujen círculos para indicar cuántos hay.
9 Pida a los estudiantes que cuenten los juguetes y luego practiquen la escritura del número que indica cuántos hay. **10 Razonamiento de orden superior** Pida a los estudiantes que dibujen 11 juguetes y luego practiquen la escritura del número que indica cuántos hay.

Copyright © Savvas Learning Company LLC. All Rights Reserved.

Nombre _____

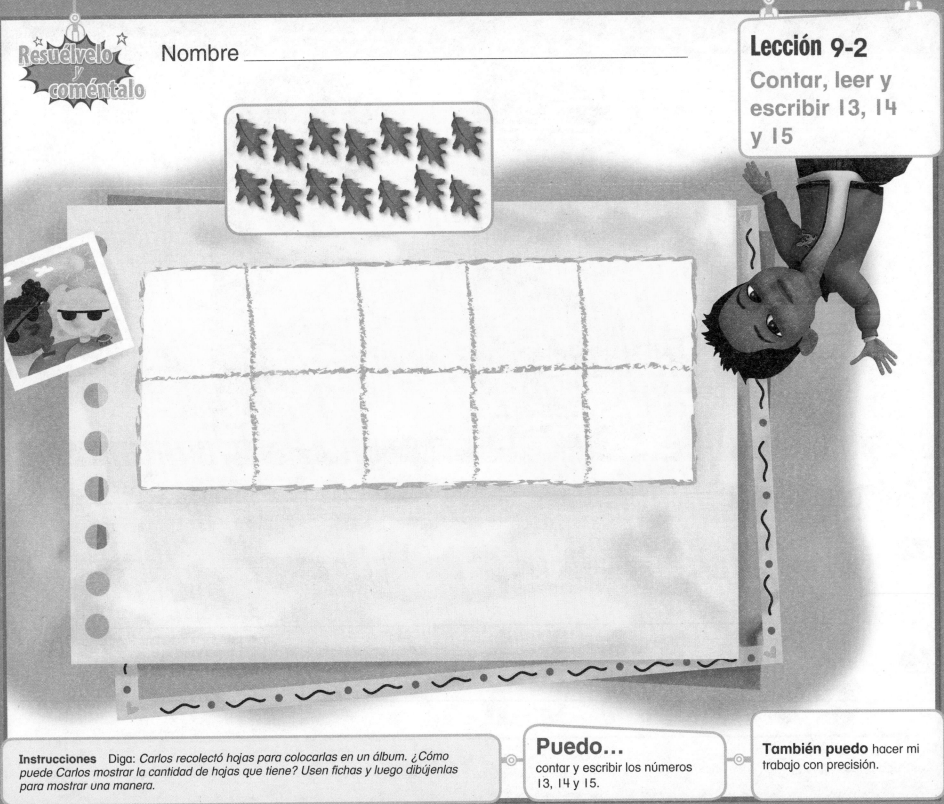

Instrucciones Diga: *Carlos recolectó hojas para colocarlas en un álbum. ¿Cómo puede Carlos mostrar la cantidad de hojas que tiene? Usen fichas y luego dibújenlas para mostrar una manera.*

Puedo... contar y escribir los números 13, 14 y 15.

También puedo hacer mi trabajo con precisión.

Aprendizaje visual · A-Z Glosario

Puente de aprendizaje visual

13

trece

☆ Práctica guiada

1

2

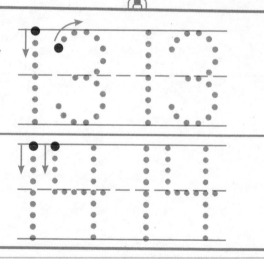

Instrucciones **1** y **2** Pida a los estudiantes que cuenten las hojas que hay en cada grupo y luego practiquen la escritura del número que indica cuántas hojas hay.

354 trescientos cincuenta y cuatro

Copyright © Savvas Learning Company LLC. All Rights Reserved.

Tema 9 | **Lección 2**

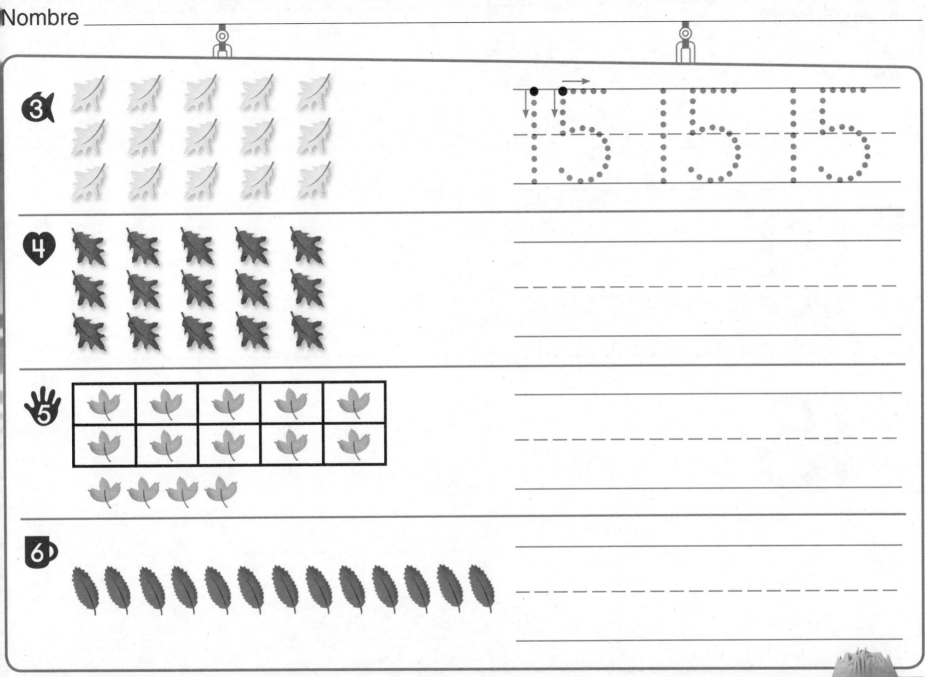

3 15 15 15 15

4

5

6

Instrucciones **3** y **4** Pida a los estudiantes que cuenten las hojas que hay en cada grupo, usen fichas para mostrar cuántas hay y luego practiquen la escritura del número que indica cuántas hojas hay. **5** Pida a los estudiantes que cuenten las hojas y luego practiquen la escritura del número que indica cuántas hojas hay. **6** enVision® STEM Diga: *Los árboles usan sus hojas para convertir la luz del sol en su alimento.* Pida a los estudiantes que cuenten las hojas verdes y luego practiquen la escritura del número que indica cuántas hay.

7

8

13

9

15

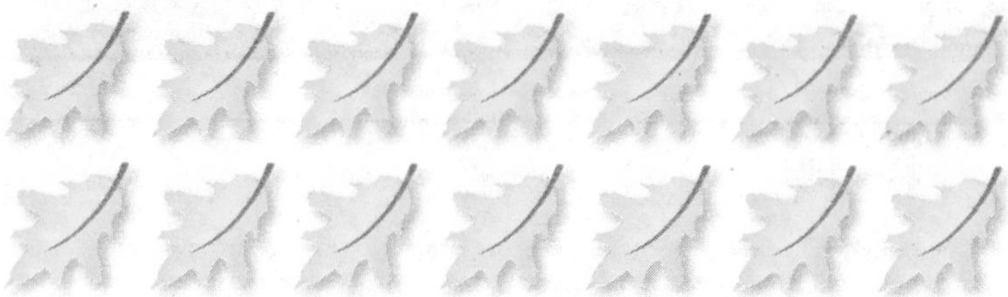

10

Copyright © Savvas Learning Company LLC. All Rights Reserved.

Nombre _____

no

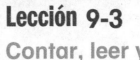

Lección 9-3
Contar, leer y
escribir 16 y 17

Instrucciones Diga: *Jada tiene una colección de cerditos de juguete. Los muestra en dos filas, como en la página. Cuenten los cerditos de juguete y usen cubos rojos para mostrar cuántos hay en total. Luego, usen cubos azules para mostrar otra manera de mostrar la misma cantidad de cerditos. Dibujen los cubos para mostrar su respuesta.*

Puedo…
contar y escribir los números 16 y 17.

También puedo hacer mi trabajo con precisión.

17

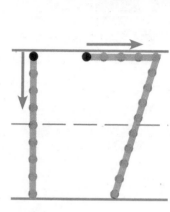

diecisiete

☆ Práctica guiada

 ⭐ 1

 🍎 2

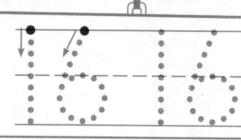

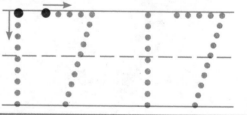

Instrucciones ⭐1 y 🍎2 Pida a los estudiantes que cuenten los cerditos de juguete que hay en cada grupo y que usen cubos para mostrar cuántos hay. Luego, pídales que practiquen la escritura del número que indica cuántos cerditos hay.

Copyright © Savvas Learning Company LLC. All Rights Reserved.

3

4

5

Instrucciones **3** a **5** Pida a los estudiantes que cuenten los animales de peluche que hay en cada grupo y que usen cubos para mostrar cuántos hay. Luego, pídales que practiquen la escritura del número que indica cuántos animales de peluche hay.

Tema 9 | Lección 3   trescientos cincuenta y nueve **359**

Herramientas Evaluación

6

7

8 17

9

Instrucciones 6 y 7 Pida a los estudiantes que cuenten los animales de peluche que hay en cada grupo y luego practiquen la escritura del número que indica cuántos animales de peluche hay. 8 Pida a los estudiantes que usen fichas para formar el número y que usen un marco de 10 o dibujen círculos para mostrar cuántos hay. 9 **Razonamiento de orden superior** Pida a los estudiantes que dibujen 17 pelotas y luego practiquen la escritura del número que indica cuántas hay.

Copyright © Savvas Learning Company LLC. All Rights Reserved.

Tema 9 | Lección 3

Nombre _____

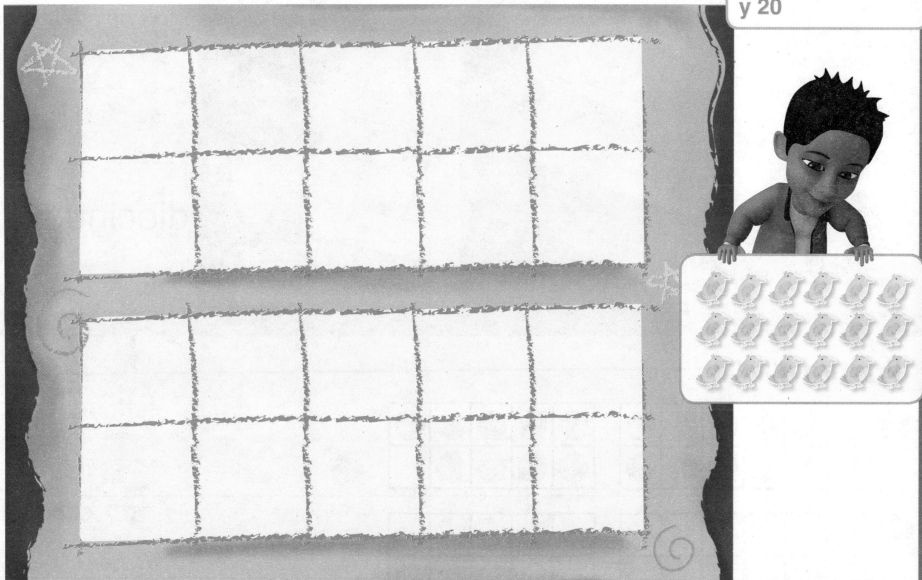

Instrucciones Diga: *Carlos tiene una colección de calcomanías de pájaros en su álbum. ¿De qué manera puede mostrar Carlos la cantidad de calcomanías de pájaros que tiene? Usen fichas y luego dibújenlas para mostrar una manera.*

Puedo... contar y escribir los números 18, 19 y 20.

También puedo usar herramientas matemáticas correctamente.

19

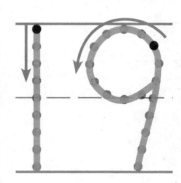

diecinueve

✪ Práctica guiada

 1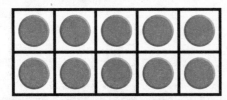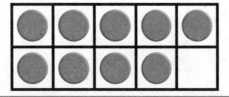

2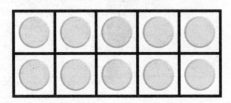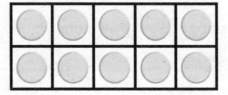

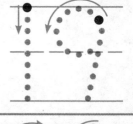

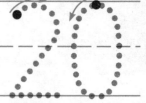

Instrucciones **1** y **2** Pida a los estudiantes que cuenten las fichas que muestran cuántas calcomanías rojas y azules de pájaros tiene Carlos en su colección y luego practiquen la escritura del número que indica cuántas calcomanías hay.

Copyright © Savvas Learning Company LLC. All Rights Reserved.

Tema 9 | Lección 4

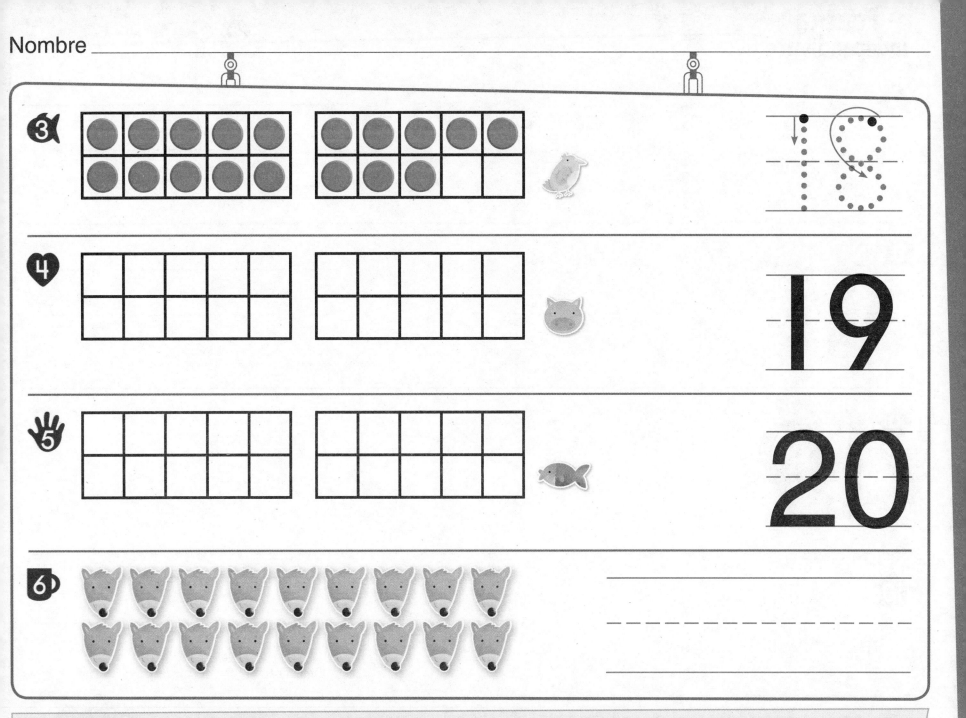

Instrucciones ❸ Pida a los estudiantes que cuenten las fichas que muestran cuántas calcomanías amarillas de pájaros tiene Carlos en su colección y luego practiquen la escritura del número. ❹ y ✋ Pida a los estudiantes que usen fichas para formar cada número y dibujen fichas en los marcos de 10 para mostrar cuántas hay. ❻ Pida a los estudiantes que cuenten las calcomanías y luego practiquen la escritura del número que indica cuántas hay.

7

8

9 19

10

Instrucciones 7 y 8 Pida a los estudiantes que cuenten las calcomanías que hay en cada grupo y luego practiquen la escritura del número que indica cuántas calcomanías hay. 9 Pida a los estudiantes que usen fichas para formar el número y dibujen círculos para mostrar cuántas hay. 10 **Razonamiento de orden superior** Pida a los estudiantes que dibujen 20 calcomanías de insectos y luego practiquen la escritura del número que indica cuántas hay.

Copyright © Savvas Learning Company LLC. All Rights Reserved.

Nombre _____

Comienzo

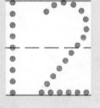

Final

Instrucciones Diga: *Coloquen 12 fichas en el marco doble de 10. Escriban el número que indica cuántas hay. Coloquen 1 ficha más en el marco doble de 10 y luego escriban el número. Repitan la actividad usando 1 ficha más. ¿Qué observan acerca de los números? ¿Se hacen más grandes o más pequeños a medida que cuentan?*

Puedo...
contar hacia adelante desde cualquier número hasta el 20.

También puedo buscar patrones.

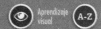

1	2	3	4	5	6	7	8	9	10
11	12	13	14	15	16	17	18	19	20

Cuenten hacia adelante.

8   9   10   11   12   13

Práctica guiada

 1

1	2	3	4	5	6	7	8	9	10
11	12	13	14	15	16	17	18	19	20

15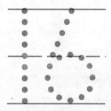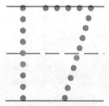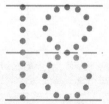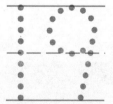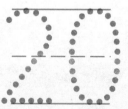

Instrucciones ⭐ Pida a los estudiantes que busquen el número azul en la tabla numérica, cuenten hacia adelante hasta llegar a la señal de *stop* y luego escriban cada número que contaron.

   Copyright © Savvas Learning Company LLC. All Rights Reserved.   **Tema 9** | Lección 5

Nombre _____

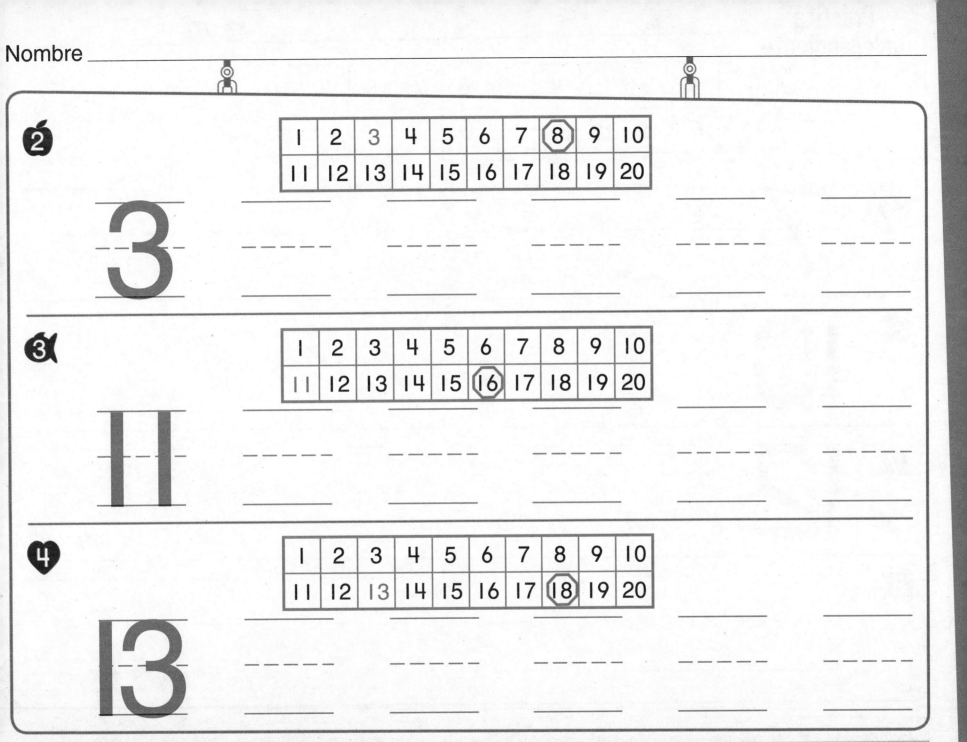

2

1	2	3	4	5	6	7	(8)	9	10
11	12	13	14	15	16	17	18	19	20

3 ‐ ‐ ‐ ‐ ‐   ‐ ‐ ‐ ‐   ‐ ‐ ‐ ‐   ‐ ‐ ‐ ‐   ‐ ‐ ‐

3

1	2	3	4	5	6	7	8	9	10
11	12	13	14	15	(16)	17	18	19	20

11 ‐ ‐ ‐ ‐ ‐   ‐ ‐ ‐ ‐   ‐ ‐ ‐ ‐   ‐ ‐ ‐ ‐   ‐ ‐ ‐

4

1	2	3	4	5	6	7	8	9	10
11	12	13	14	15	16	17	(18)	19	20

13 ‐ ‐ ‐ ‐ ‐   ‐ ‐ ‐ ‐   ‐ ‐ ‐ ‐   ‐ ‐ ‐ ‐   ‐ ‐ ‐

Instrucciones **2** a **4** Pida a los estudiantes que busquen el número azul en la tabla numérica, cuenten hacia adelante hasta que lleguen a la señal de *stop* y luego escriban cada número que contaron.

✰ Práctica independiente ✰

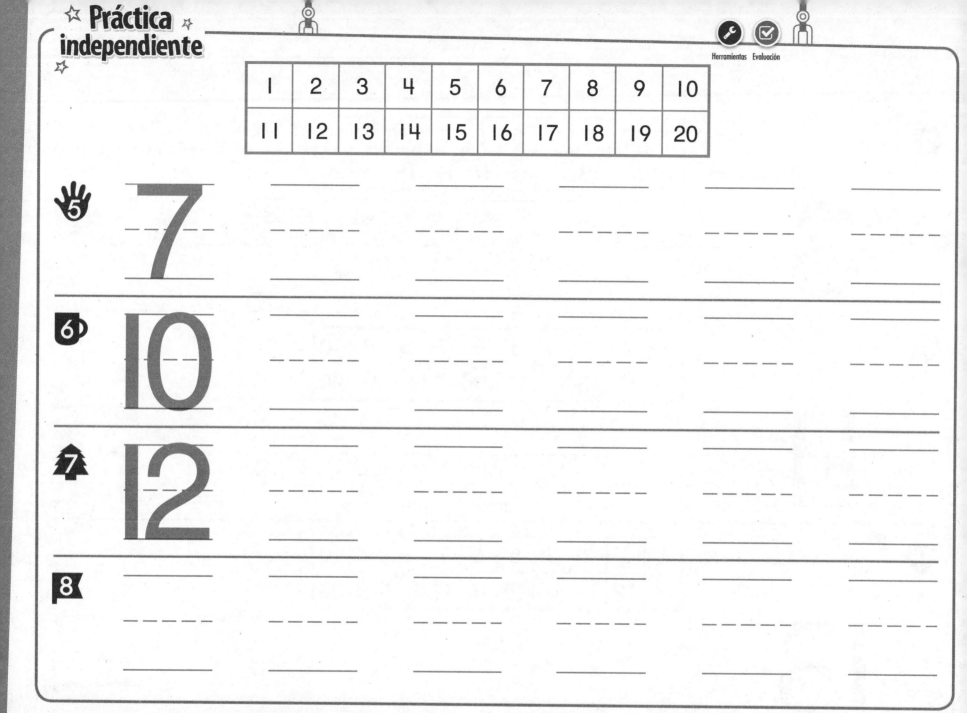

1	2	3	4	5	6	7	8	9	10
11	12	13	14	15	16	17	18	19	20

✋ 5 **7**

☕ 6 **10**

🌲 7 **12**

⚑ 8

Instrucciones ✋ a 🌲 Pida a los estudiantes que comiencen en el número azul, cuenten hacia adelante y luego escriban cada número que contaron. Pídales que usen la tabla numérica en la parte anterior de la página si es necesario. ⚑ **Razonamiento de orden superior** Pídales que escojan un número entre 1 y 15 y lo escriban en el primer renglón. Pídales que cuenten hacia adelante y luego escriban cada número que contaron.

  Copyright © Savvas Learning Company LLC. All Rights Reserved. **Tema 9** | Lección 5

Resuélvelo y coméntalo

Nombre _____

Instrucciones Diga: *Daniel tiene 13 cerezas en una bandeja. Jada tiene 11 cerezas en una bandeja. ¿Cómo pueden mostrar esto? Usen fichas para mostrar las cerezas en las bandejas y luego hagan los dibujos. ¿Cómo saben que sus dibujos son correctos?*

Puedo...
contar para hallar cuántos objetos hay en un grupo.

También puedo entender problemas.

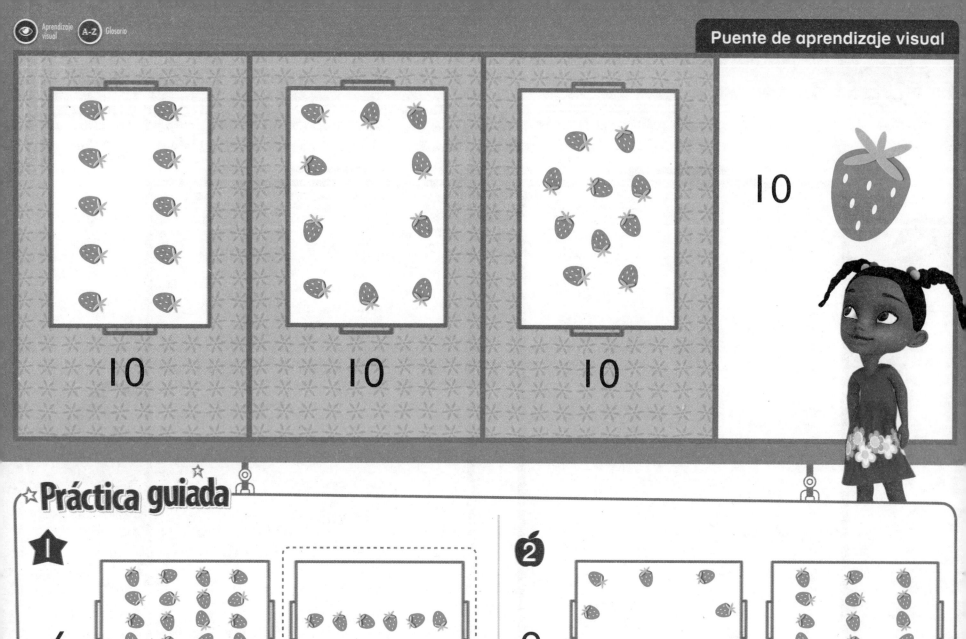

10

10

10

10

☆ Práctica guiada

1

6

2

9

Instrucciones Pida a los estudiantes que cuenten para hallar cuántos hay. Luego: 1 encierren en un círculo la bandeja con 6 fresas; 2 encierren en un círculo la bandeja con 9 fresas.

Copyright © Savvas Learning Company LLC. All Rights Reserved.

Nombre _____

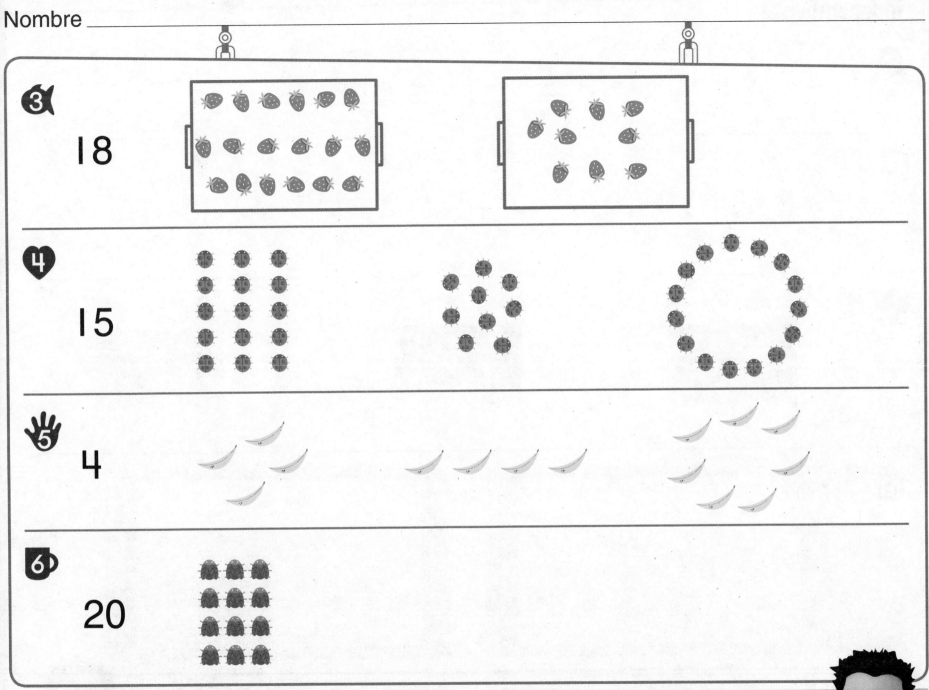

3 18

4 15

5 4

6 20

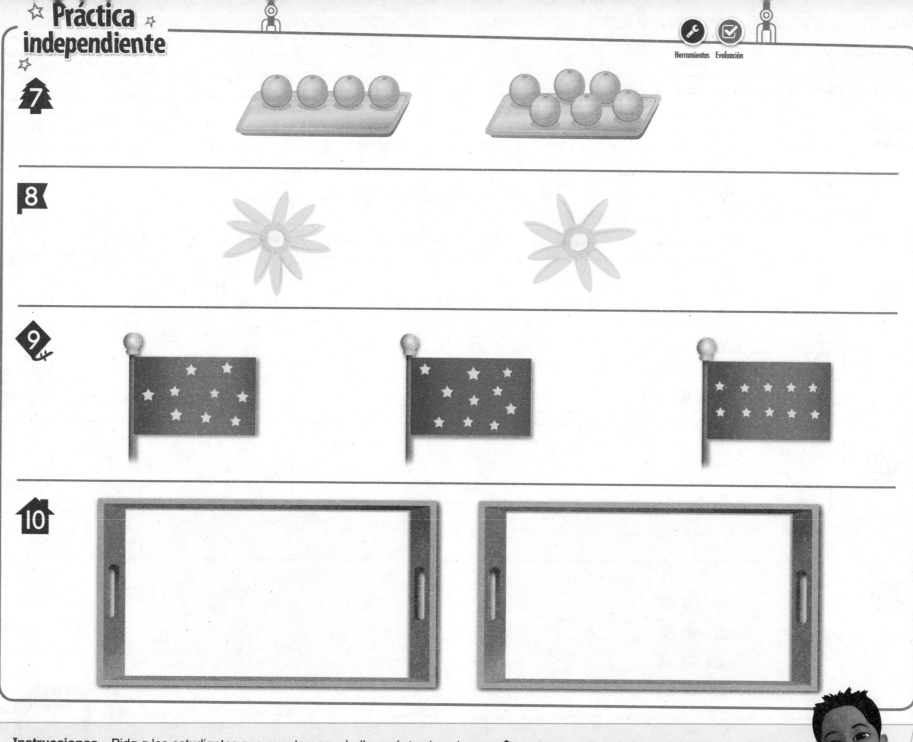

7

8

9

10

Instrucciones Pida a los estudiantes que cuenten para hallar cuántos hay. Luego: **7** encierren en un círculo la bandeja con 6 naranjas; **8** encierren en un círculo la flor con 8 pétalos; **9** encierren en un círculo las banderas con 10 estrellas. **10** **Razonamiento de orden superior** Pida a los estudiantes que dibujen 19 fresas de dos maneras diferentes.

372 trescientos setenta y dos

Copyright © Savvas Learning Company LLC. All Rights Reserved.

Tema 9 | Lección 6

Nombre _____

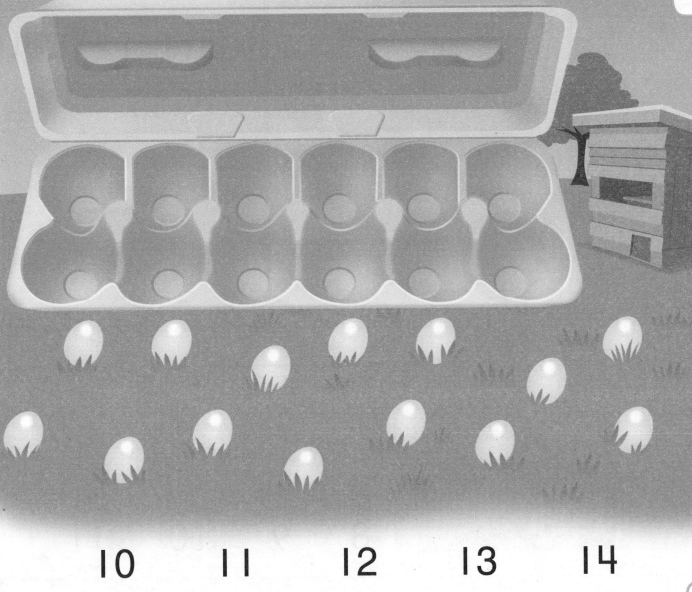

10   11   12   13   14

Instrucciones Diga: *Carlos quiere poner algunos o todos los huevos en el cartón. Encierren en un círculo todos los números que indican cuántos huevos podría poner en el cartón. Expliquen por qué podría haber más de una respuesta.*

Puedo...
usar el razonamiento para contar y escribir números hasta el 20.

También puedo contar objetos en ordenaciones diferentes.

Tema 9 | Lección 7   En línea | SavvasRealize.com   trescientos setenta y tres **373**

Puente de aprendizaje visual

Piensa. ¿10, 11, 12, 13 o 14?

Veo 12.

3 respuestas posibles

☆ Práctica guiada

8   9   (10)   (11)   (12)

Instrucciones ⭐ Diga: *Hay más de 8 vacas en una granja. Hay algunas vacas fuera del establo. 1 o más vacas están dentro del establo. Cuenten las vacas que están fuera del establo y luego encierren en un círculo los números que indican cuántas vacas podría haber en total.*

374 trescientos setenta y cuatro

Copyright © Savvas Learning Company LLC. All Rights Reserved.

Tema 9 | Lección 7

Herramientas Evaluación

☆ Práctica ☆ independiente

❷

12   13   14   15   16

❸

16   17   18   19   20

❹

3   4   5   6   7

Instrucciones Diga: ❷ Hay 1 más que 12 caballos fuera del establo. 0, 1 o 2 caballos están dentro del establo. Encierren en un círculo la cantidad de caballos fuera del establo y luego encierren en un círculo los números que indican cuántos caballos podría haber en total. ❸ Hay 1 más que 16 perros jugando en el parque. 1 o 2 perros están descansando en una casita para perros. Encierren en un círculo los números que indican cuántos perros podría haber en total. ❹ En la pecera caben hasta 15 peces. Cuenten los peces en la pecera y luego encierren en un círculo los números que indican cuántos peces más podrían caber en la pecera.

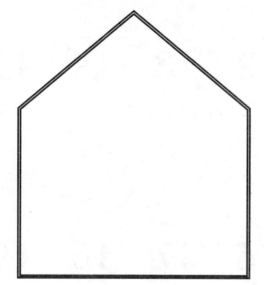

10   11   12   13   14

Instrucciones Lea el problema a los estudiantes. Luego, pídales que usen diferentes métodos de resolución de problemas para resolverlo. Diga: *Alex vive en una granja con tantos gatos que es difícil contarlos. A veces los gatos están afuera y otras veces se esconden en el cobertizo. Alex sabe que la cantidad de gatos es mayor que 11. Hay menos de 15 gatos en la granja. ¿Cómo puede Alex hallar la cantidad de gatos que puede haber en su granja?* ✋ **Razonar** *¿Qué números saben del problema? Marquen con una X los números que NO concuerdan con las pistas. Encierren en un círculo los números que indican la cantidad de gatos que podría haber en la granja.* ☕ **Representar** *¿Cómo pueden representar un problema verbal con dibujos? Hagan un dibujo de los gatos en la granja de Alex. Recuerden que algunos pueden estar escondidos dentro del cobertizo.* 🌲 **Explicar** *¿Están completos sus dibujos? Expliquen a un compañero cómo su dibujo muestra la cantidad de gatos que hay en la granja de Alex.*

376 trescientos setenta y seis

Copyright © Savvas Learning Company LLC. All Rights Reserved.

⭐1️⃣

2 + 3	5 − 1	2 + 2	1 + 3	4 − 0
5 − 2	0 + 4	0 + 3	2 + 1	1 + 4
2 − 1	3 + 1	5 − 1	4 + 0	1 + 3
3 + 0	2 + 2	5 − 3	5 − 4	2 + 0
1 − 1	4 − 0	2 − 0	3 + 2	1 + 0

②

_____

_ _ _ _ _ _

_____

Puedo…
sumar y restar con fluidez
hasta el 5.

También puedo hacer
mi trabajo con precisión.

Instrucciones Pida a los estudiantes que: ⭐ coloreen cada casilla que tenga una
suma o diferencia que sea igual a 4; ② escriban la letra que ven.

⭐ ❶

13   16   18

🍎 ❷

12   15   17

🐦 ❸

_____

- - - - - - - -

_____

❤️ ❹

🖐️ ❺

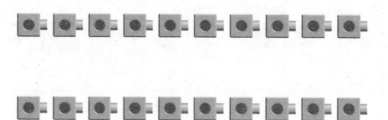

☕ ❻

_____

- - - - - - - -

_____

Instrucciones **Comprender el vocabulario** Pida a los estudiantes que: ⭐ encierren en un círculo el número **dieciséis**; 🍎 encierren en un círculo el número **doce**; 🐦 escriban el número **dieciocho**; ❤️ dibujen **once** fichas en el recuadro y luego escriban el número; 🖐️ encierren en un círculo **catorce** cubos; ☕ escriban el número **veinte**.

  Copyright © Savvas Learning Company LLC. All Rights Reserved.

Nombre _____

Grupo A

⭐ 1

19

🍎 2

Grupo B

1	2	3	4	5	6	7	8	9	10
11	12	13	14	15	⬡16	17	18	19	20

◀ 3

1	2	3	4	5	6	7	8	9	10
⬡11	12	13	14	15	16	17	18	19	20

14 15 16

9

Instrucciones Pida a los estudiantes que: ⭐ y 🍎 cuenten los objetos en cada grupo y luego escriban el número que indica cuántos hay; ◀ busquen el número azul en la tabla numérica, cuenten hacia adelante hasta que lleguen a la señal de *stop* y luego escriban cada número que contaron.

Tema 9 | Refuerzo

trescientos setenta y nueve **379**

Grupo C

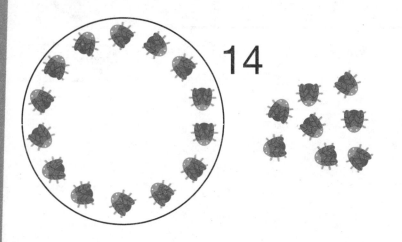

14

15

Grupo D

2 3 ④ ⑤

9 10 11 12 13

Instrucciones Pida a los estudiantes que: ❹ encierren en un círculo el grupo con 15 insectos; ✋ escuchen el cuento y usen el razonamiento para hallar la respuesta. *Algunos conejos están descansando en el pasto. 2 o 3 conejos están jugando detrás del arbusto. Cuenten los conejos que hay en el pasto y luego encierren en un círculo los números que muestren cuántos conejos podría haber en total.*

Copyright © Savvas Learning Company LLC. All Rights Reserved.

Nombre _____

⭐ 1

Ⓐ 13

Ⓑ 14

Ⓒ 15

Ⓓ 16

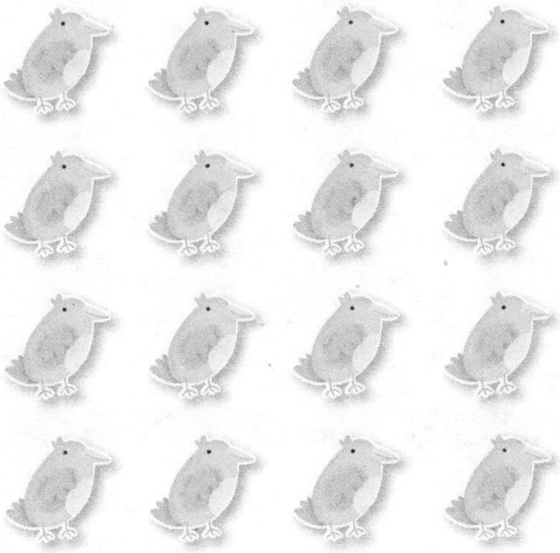

🍎 2

Ⓐ

Ⓑ

Ⓒ

Ⓓ

3

14	15	16	17	12
☐	☐	☐	☐	☐

Instrucciones   Pida a los estudiantes que marquen la mejor respuesta. ⭐ ¿Qué número indica cuántos hay? 🍎 ¿Qué opción muestra 11? 3 Pida a los estudiantes que escuchen el cuento y luego marquen todas las respuestas posibles. *Hay algunas abejas fuera de la colmena. 1 o más abejas están dentro de la colmena. Cuenten las abejas que están fuera de la colmena y luego marquen 3 números que indican cuántas abejas podría haber en total.*

4

_____

‐ ‐ ‐ ‐ ‐

5

6

_____

‐ ‐ ‐ ‐ ‐

7

1	2	3	4	5	6	7	8	9	10
11	12	13	14	15	16	17	18	19	20

16 ‐ ‐ ‐ ‐   ‐ ‐ ‐ ‐

Instrucciones Pida a los estudiantes que: ❤ cuenten las hojas y luego escriban el número que indica cuántas hay; ✋ encierren en un círculo el grupo que muestra 15 mariquitas; ☕ dibujen dieciocho canicas y luego escriban el número que indica cuántas hay; 🌲 busquen el número azul en la tabla numérica, cuenten hacia adelante hasta que lleguen a la señal de *stop* y luego escriban cada número que contaron.

Copyright © Savvas Learning Company LLC. All Rights Reserved.
Tema 9 | Práctica para la evaluación

Nombre _____

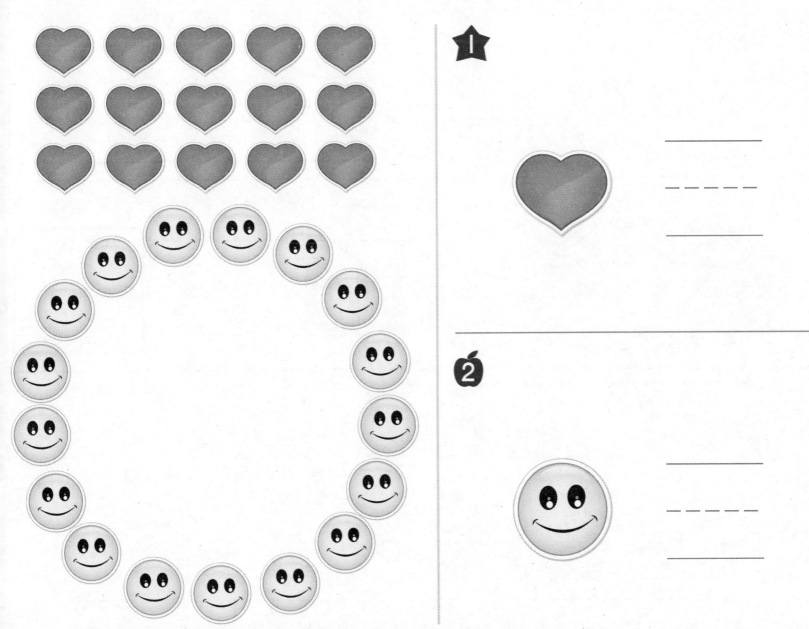

⭐ 1

❤ _____

_ _ _ _ _ _ _

_____

🍎 2

😊 _____

_ _ _ _ _ _ _

_____

Instrucciones   Las calcomanías de Sara Diga: *Sara pone muchas calcomanías en su cuaderno. ¿Cuántas de cada tipo de calcomanía hay?* Pida a los estudiantes que: ⭐ cuenten la cantidad de calcomanías de corazones y luego escriban el número que indica cuántas hay; 🍎 cuenten la cantidad de calcomanías de caritas sonrientes y luego escriban el número que indica cuántas hay.

3

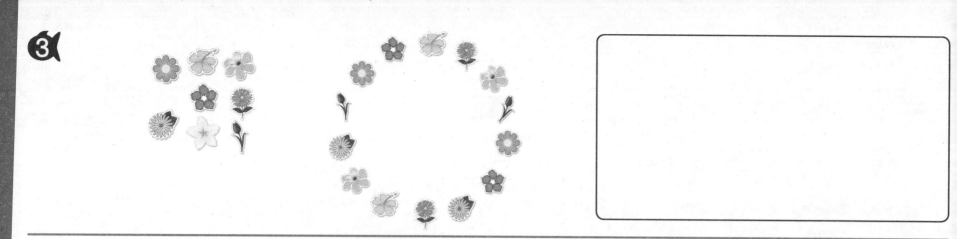

4

5

16 17 18 19 20

Instrucciones **3** Diga: *Sara quiere usar 14 calcomanías para decorar un marco para fotos.* Pida a los estudiantes que encierren en un círculo el grupo de calcomanías que debe usar y luego dibujen otra manera de mostrar 14 calcomanías. **4** Diga: *Sara recibe una calcomanía por día cuando alimenta a su perro. Le dio de comer durante 10 días. ¿Cuántas calcomanías tendrá Sara en dos días más?* Pida a los estudiantes que cuenten hacia adelante dos días más para hallar la respuesta y luego escriban cada número que contaron. **5** Diga: *Sara pone 18 calcomanías en el frente de la tarjeta. Pone 1 o más calcomanías al reverso de la tarjeta.* Pida a los estudiantes que encierren en un círculo los números que muestran cuántas calcomanías podría haber en total. Pida a los estudiantes que expliquen sus respuestas.

Copyright © Savvas Learning Company LLC. All Rights Reserved.

Componer y descomponer números del 11 al 19

Pregunta esencial: ¿Cómo te puede ayudar a entender el valor de posición componer y descomponer los números del 11 al 19 en diez unidades y algunas unidades más?

Recursos digitales

Libro del estudiante

Aprendizaje visual

Práctica

Evaluación

Herramientas

Glosario

Un desierto

La luz del sol hace que el agua se evapore más rápido.

Proyecto de ënVision STEM: La luz del sol y la superficie de la Tierra

Instrucciones Lea el diálogo a los estudiantes. **¡Investigar!** Pida a los estudiantes que investiguen cómo la luz del sol influye en la superficie de la Tierra. Diga: *Hablen con sus amigos y familiares sobre la luz del sol y cómo influye en la Tierra.* **Diario: Hacer un cartel** Pida a los estudiantes que hagan un cartel que muestre 3 cosas que la luz del sol le proporciona a la Tierra. Pídales que dibujen un sol con 16 rayos. Luego, pídales que escriban una ecuación para partes de 16.

Nombre _____

Repasa lo que sabes

 1

2

3

4

 5

6

_____

_ _ _ _ _ _ _ _ _ _

_____

_____

_ _ _ _ _ _ _ _ _ _

_____

_____

_ _ _ _ _ _ _ _ _ _

_____

Instrucciones Pida a los estudiantes que: 1 encierren en un círculo el grupo que tiene 16; 2 encierren en un círculo el grupo que tiene 20; 3 encierren en un círculo el grupo que tiene menos que el otro grupo; 4 a 6 cuenten las hojas y luego escriban el número que indica cuántas hay.

386 trescientos ochenta y seis

Copyright © Savvas Learning Company LLC. All Rights Reserved.

Tema 10

Nombre _____

A

B

Instrucciones   Diga: *Escogerán uno de los siguientes proyectos. Miren la imagen **A**. Piensen en esta pregunta: ¿Qué tan grande es el exterior? Si escogen el Proyecto A, contarán un cuento sobre un campamento. Miren la imagen **B**. Piensen en esta pregunta: ¿Qué les gusta comer a los ratones? Si escogen el Proyecto B, harán un cartel sobre ratones.*

Instrucciones   Diga: *Escogerán uno de los siguientes proyectos. Miren la imagen* **C**. *Piensen en esta pregunta:* ¿Qué les gusta coleccionar? *Si escogen el Proyecto C, harán un álbum de calcomanías. Miren la imagen* **D**. *Piensen en esta pregunta:* ¿Qué es una barra de cereal? *Si escogen el Proyecto D, dibujarán una merienda.*

 Copyright © Savvas Learning Company LLC. All Rights Reserved. **Tema 10** │ Escoge un proyecto

Nombre _____

Resuélvelo y coméntalo

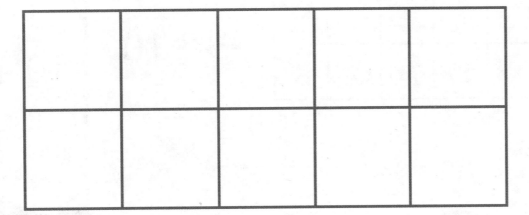

$$10 + \underline{\quad\quad} = \underline{\quad\quad}$$

Instrucciones Diga: *Usen fichas para llenar el marco de 10. Pongan 1, 2 o 3 fichas fuera del marco de 10. Dibujen todas las fichas. ¿Qué ecuación pueden escribir para decir cuántas fichas hay en total?*

Puedo... usar dibujos y ecuaciones para formar los números 11, 12 y 13.

También puedo representar con modelos matemáticos.

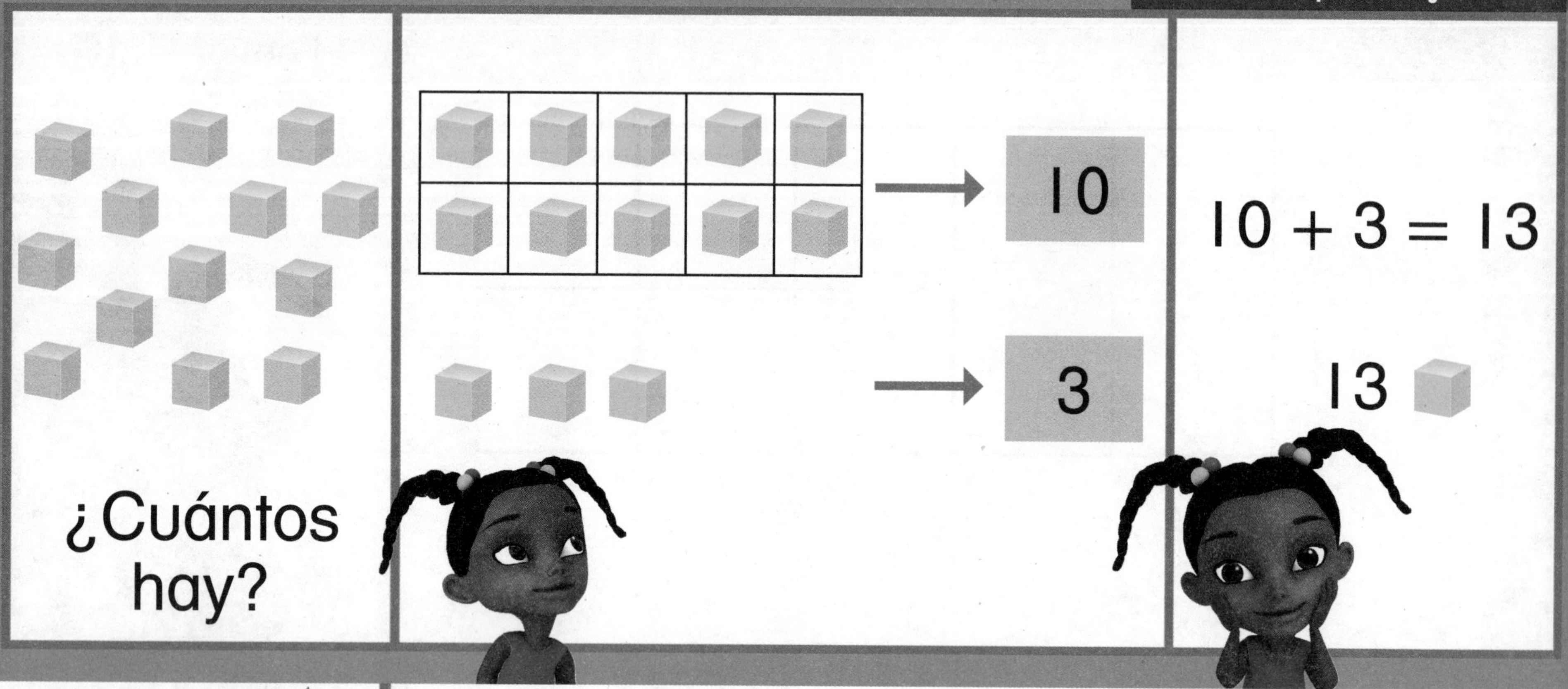

¿Cuántos hay?

10

3

$10 + 3 = 13$

13

☆ **Práctica guiada** ☆

1

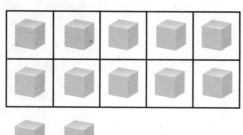

$10 + 2 = 12$

Instrucciones ⭐ Pida a los estudiantes que escriban una ecuación que represente la cantidad de bloques que se muestra. Luego, pídales que digan cómo el dibujo y la ecuación muestran 10 unidades y algunas unidades más.

Copyright © Savvas Learning Company LLC. All Rights Reserved.

2

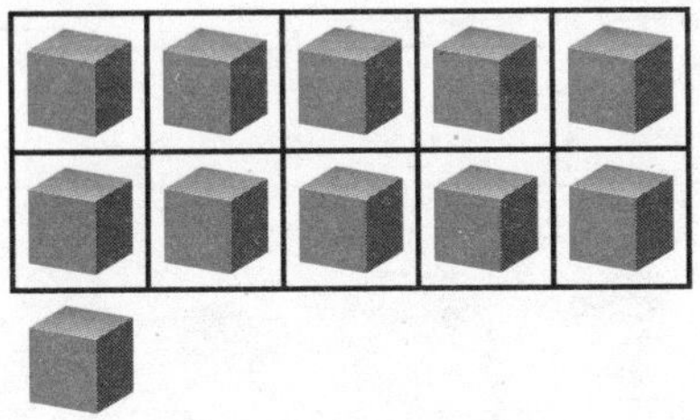

3

$$\_\_\_ + \_\_\_ = \_\_\_$$

$$\_\_\_ + \_\_\_ = \_\_\_$$

4

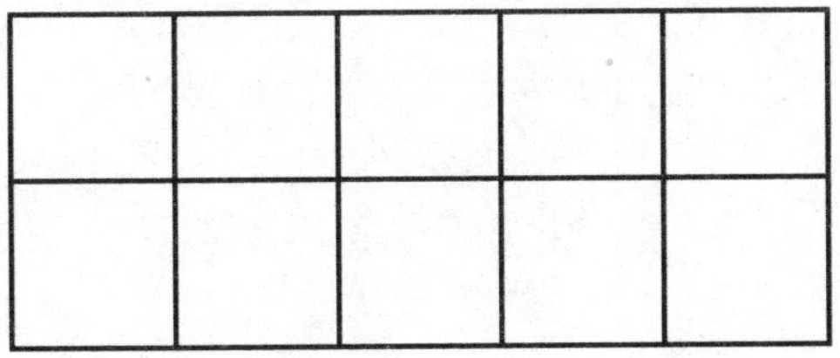

5

$$10 + 2 = 12 \qquad 10 + 3 = 13$$

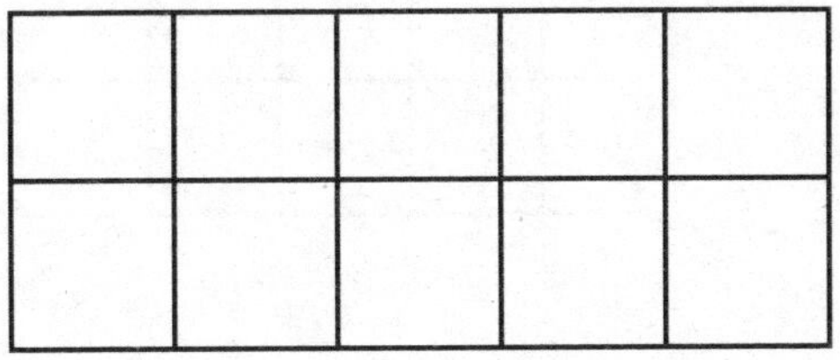

Instrucciones   Pida a los estudiantes que: **2** y **3** escriban una ecuación que represente la cantidad de bloques que se muestra. Luego, pídales que digan cómo el dibujo y la ecuación muestran 10 unidades y algunas unidades más; **4** y **5** dibujen bloques que representen la ecuación. Luego, pídales que digan cómo el dibujo y la ecuación muestran 10 unidades y algunas unidades más.

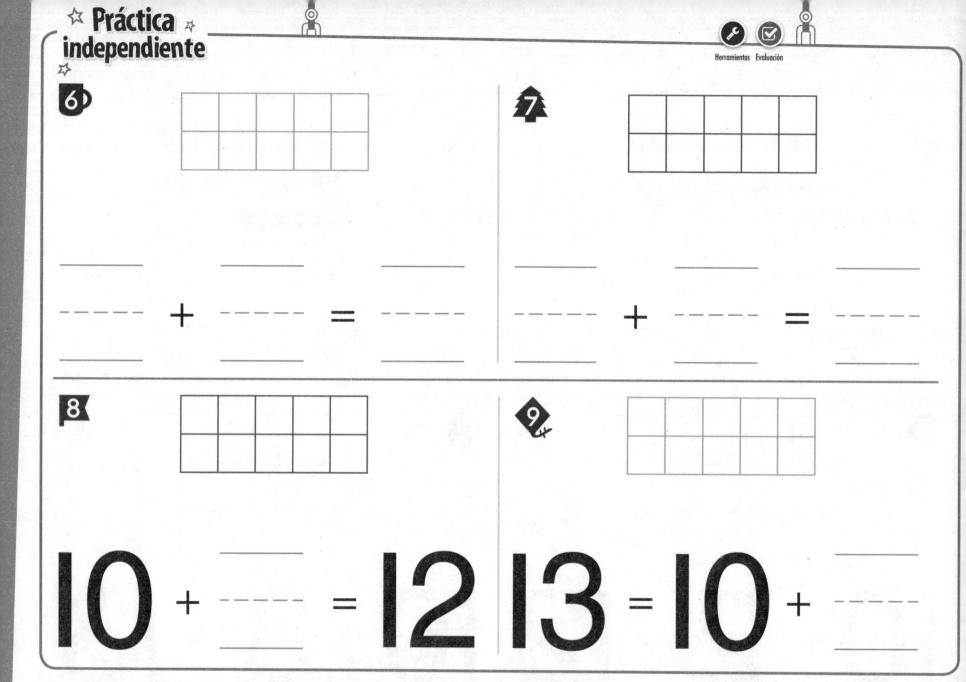

6

_____ + _____ = _____

7

_____ + _____ = _____

8

$10 + \text{\_\_\_\_} = 12$

9

$13 = 10 + \text{\_\_\_\_}$

Instrucciones Pida a los estudiantes que: **6** dibujen fichas y escriban una ecuación para mostrar cómo formar 13. Luego, pídales que digan cómo el dibujo y la ecuación muestran 10 unidades y algunas unidades más; **7** dibujen fichas y escriban una ecuación para mostrar cómo formar 11. Luego, pídales que digan cómo el dibujo y la ecuación muestran 10 unidades y algunas unidades más. **8 Álgebra** Pida a los estudiantes que dibujen fichas para hallar el número que falta. Luego, pídales que digan cómo el dibujo y la ecuación muestran 10 unidades y algunas unidades más. **9 Razonamiento de orden superior** Pida a los estudiantes que dibujen fichas para hallar el número que falta. Luego, pídales que digan cómo el dibujo y la ecuación muestran 10 unidades y algunas unidades más.

Copyright © Savvas Learning Company LLC. All Rights Reserved.
Tema 10 | Lección 1

Resuélvelo y coméntalo

Nombre ______________________________

Lección 10-2
Formar 14, 15 y 16

_____ + _____ = 15

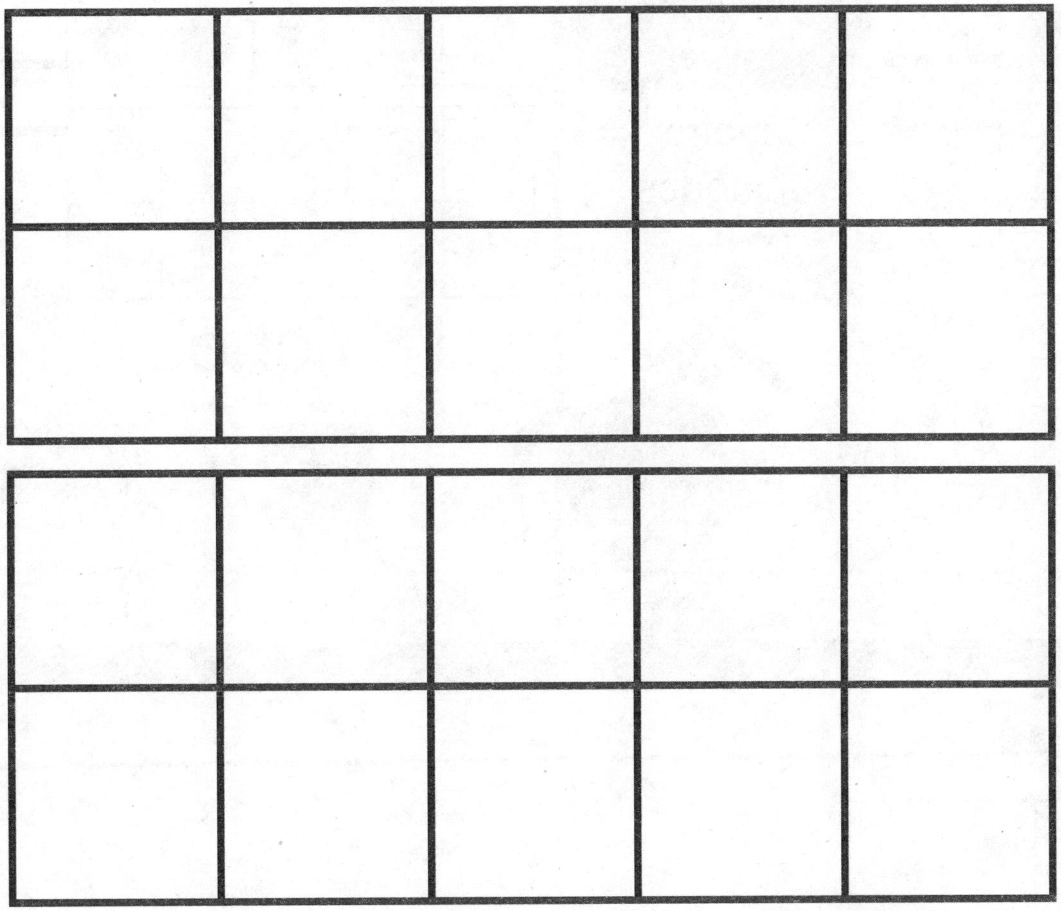

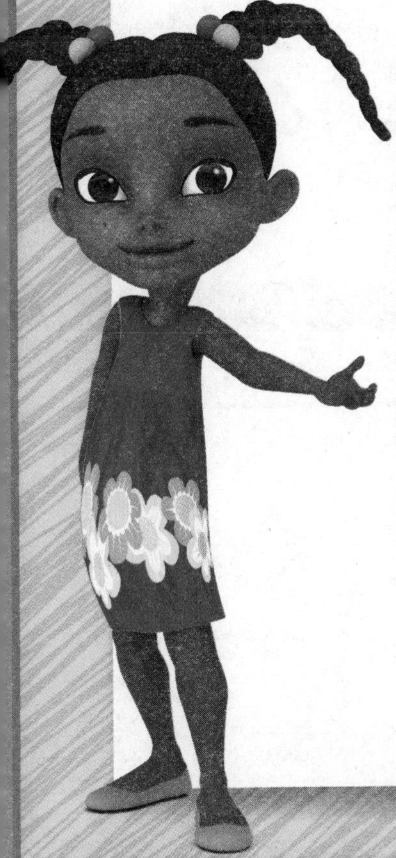

Instrucciones Diga: *Pongan 15 fichas en el marco doble de 10 para mostrar 10 unidades y algunas unidades más. Luego, completen la ecuación para que represente las fichas.*

Puedo...
formar los números 14, 15 y 16.

También puedo representar con modelos matemáticos.

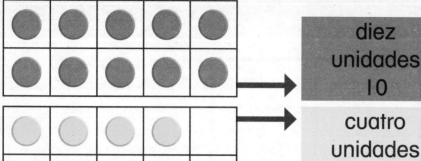

diez
unidades
10

cuatro
unidades
4

14 fichas

10 + 4 = 14

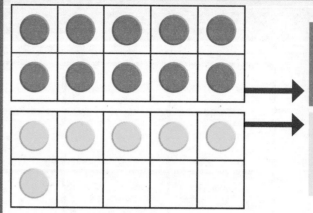

diez
unidades
10

seis
unidades
6

16 fichas

10 + 6 = 16

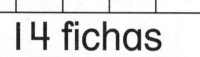 **Práctica guiada**

⭐1

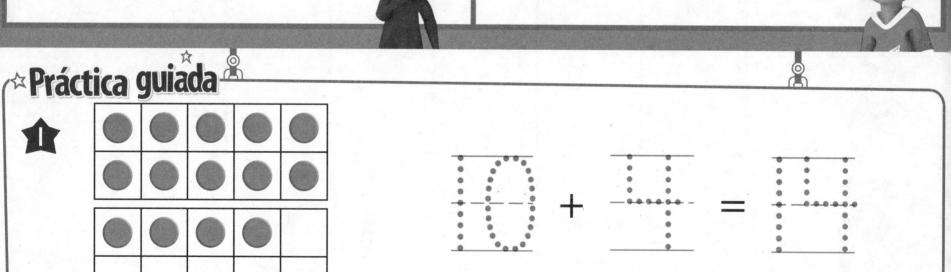

10 + 4 = 14

Instrucciones ⭐1 Pida a los estudiantes que escriban una ecuación que represente las fichas. Luego, pídales que digan cómo el dibujo y la ecuación muestran 10 unidades y algunas unidades más.

 Copyright © Savvas Learning Company LLC. All Rights Reserved.

Nombre _____

2

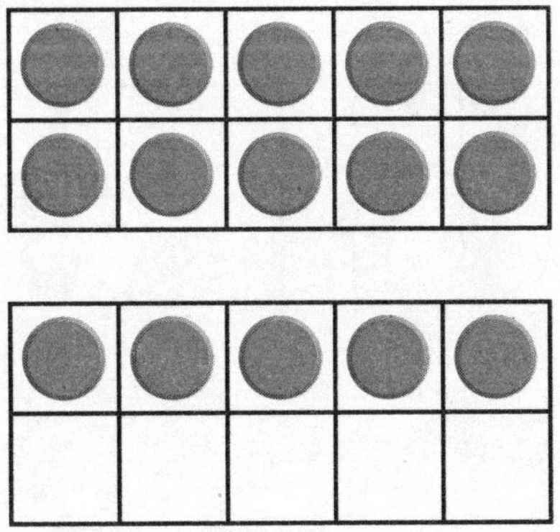

_____   _____

- - - - - + - - - - - = - - - - -

_____   _____

3

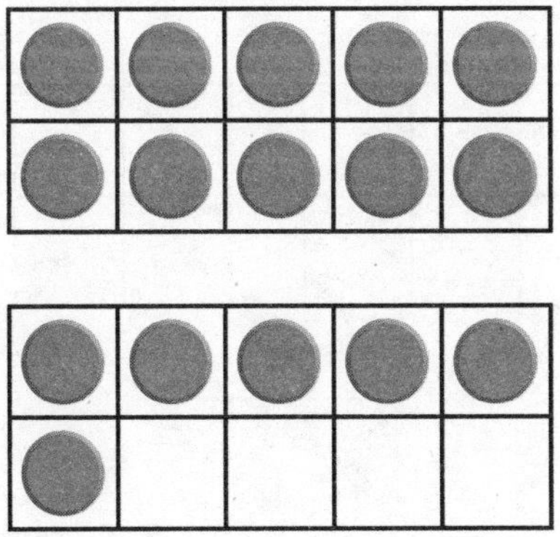

_____   _____

- - - - - + - - - - - = - - - - -

_____   _____

4

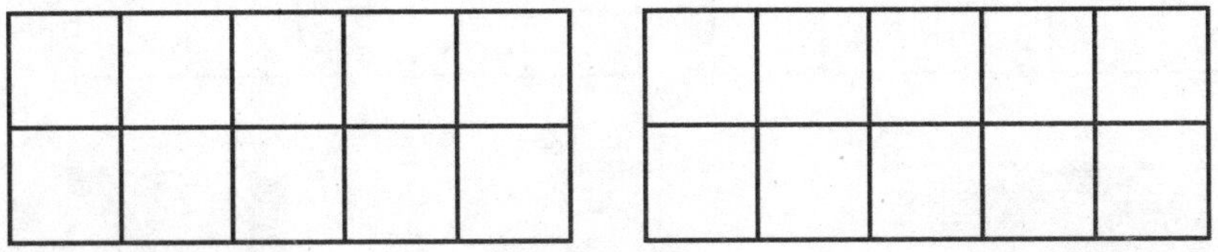

$10 + 4 = 14$

5

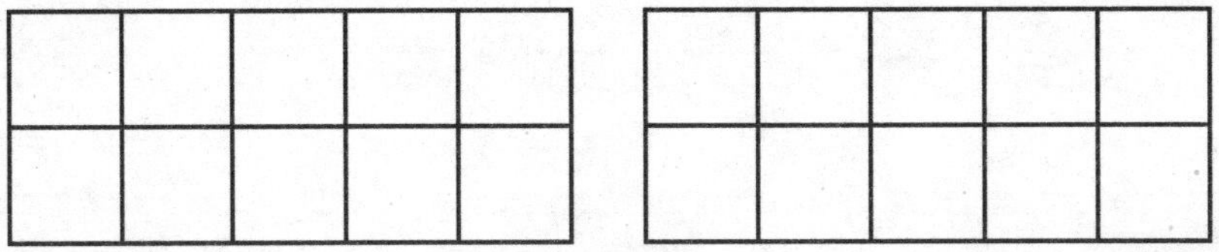

$10 + 5 = 15$

Instrucciones Pida a los estudiantes que: **2** y **3** escriban una ecuación que represente las fichas. Luego, pídales que digan cómo el dibujo y la ecuación muestran 10 unidades y algunas unidades más; **4** y **5** dibujen fichas que representen la ecuación. Luego, pídales que digan cómo el dibujo y la ecuación muestran 10 unidades y algunas unidades más.

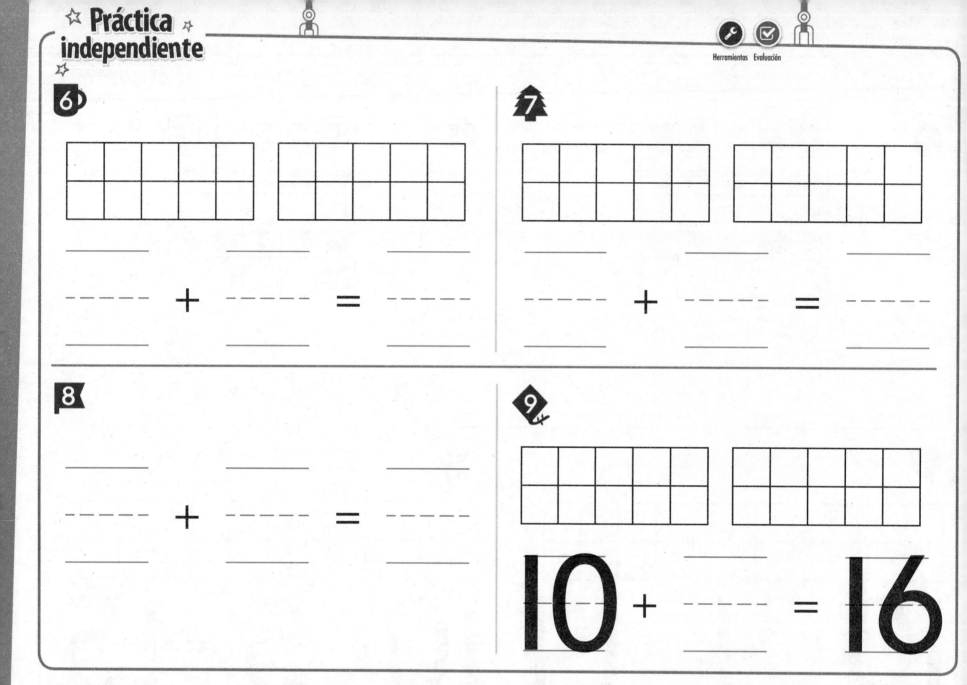

6

_____ _____

- - - + - - - = - - -

_____

7

_____ _____

- - - + - - - = - - -

_____

8

_____   _____

- - - + - - - = - - - -

_____   _____

9

_____   _____

10 + - - - = 16

Instrucciones   Pida a los estudiantes que: **6** dibujen fichas y escriban una ecuación para mostrar cómo formar 16. Luego, pídales que digan cómo el dibujo y la ecuación muestran 10 unidades y algunas unidades más; **7** dibujen fichas y escriban una ecuación para mostrar cómo formar 14. Luego, pídales que digan cómo el dibujo y la ecuación muestran 10 unidades y algunas unidades más. **8 Sentido numérico** Pida a los estudiantes que escriban una ecuación para mostrar 15 como 10 unidades y algunas unidades más. **9 Razonamiento de orden superior** Pida a los estudiantes que dibujen fichas para hallar el número que falta en la ecuación. Luego, pídales que digan cómo el dibujo y la ecuación muestran 10 unidades y algunas unidades más.

Copyright © Savvas Learning Company LLC. All Rights Reserved.
Tema 10 | Lección 2

Nombre _____

_____   _____

- - - - - + - - - - - = - - - - -

_____   _____

Instrucciones Diga: *Jada prepara 10 premios para la feria de la escuela. Luego, prepara 8 más. Usen fichas para mostrar cuántos premios prepara Jada en total. Luego, escriban una ecuación que represente las fichas y digan cómo las fichas y la ecuación muestran 10 unidades y algunas unidades más.*

Puedo...
formar los números 17, 18 y 19.

También puedo representar con modelos matemáticos.

En línea | SavvasRealize.com

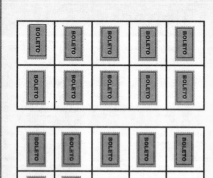

$10 + 7 = 17$

$10 + 8 = 18$

$10 + 9 = 19$

$10 + 7 = 17$
$10 + 8 = 18$
$10 + 9 = 19$

decena

unidades

suma

Práctica guiada

1

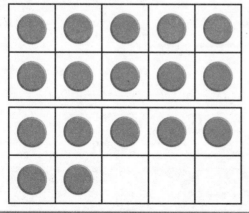

$10 + 7 = 17$

Instrucciones ⭐ Pida a los estudiantes que completen las ecuaciones para que representen las fichas. Luego, pídales que digan cómo el dibujo y la ecuación muestran 10 unidades y algunas unidades más.

Copyright © Savvas Learning Company LLC. All Rights Reserved.

Nombre _____

2

_ _ _ _ _ _   _ _ _ _ _

_ _ _ _ _ + _ _ _ _ _ = _ _ _ _ _

_ _ _ _ _ _   _ _ _ _ _

3

_ _ _ _ _ _   _ _ _ _ _

_ _ _ _ _ + _ _ _ _ _ = _ _ _ _ _

_ _ _ _ _ _   _ _ _ _ _

4

10 + _ _ _ _ _ = _ _ _ _ _

5

10 + _ _ _ _ _ = _ _ _ _ _

Instrucciones Pida a los estudiantes que: **2** y **3** escriban una ecuación que represente las fichas. Luego, pídales que digan cómo el dibujo y la ecuación muestran 10 unidades y algunas unidades más; **4** y **5** completen la ecuación para que represente los cubos. Luego, pídales que digan cómo el dibujo y la ecuación muestran 10 unidades y algunas unidades más.

Tema 10 | Lección 3   trescientos noventa y nueve **399**

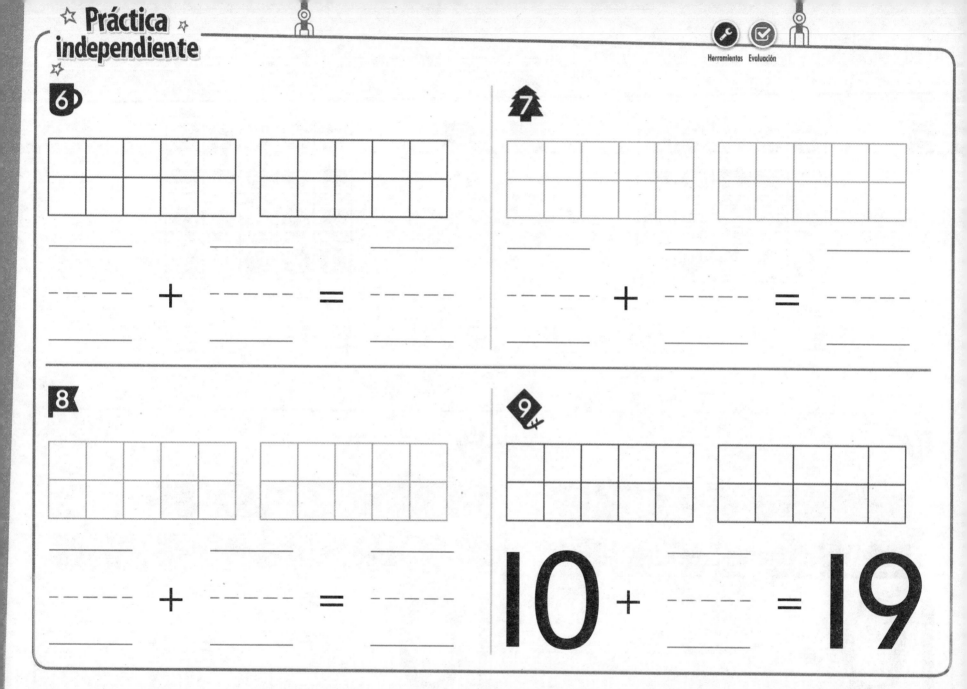

6

_____ _____ _____   +   _____ _____ _____   =   _____ _____ _____

_____ _____ _____   _____ _____ _____   _____ _____ _____

7

_____ _____ _____   +   _____ _____ _____   =   _____ _____ _____

_____ _____ _____   _____ _____ _____   _____ _____ _____

8

_____ _____ _____   +   _____ _____ _____   =   _____ _____ _____

_____ _____ _____   _____ _____ _____   _____ _____ _____

9

10 + _____ = 19

Instrucciones Pida a los estudiantes que: **6** dibujen fichas y escriban una ecuación que muestre cómo formar 18. Luego, pídales que digan cómo el dibujo y la ecuación muestran 10 unidades y algunas unidades más; **7** dibujen fichas y escriban una ecuación que muestre cómo formar 19. Luego, pídales que digan cómo el dibujo y la ecuación muestran 10 unidades y algunas unidades más; **8** dibujen fichas y escriban una ecuación que muestre cómo formar 17. Luego, pídales que digan cómo el dibujo y la ecuación muestran 10 unidades y algunas unidades más. **◆ Razonamiento de orden superior** Pida a los estudiantes que dibujen fichas para hallar el número que falta en la ecuación. Luego, pídales que digan cómo el dibujo y la ecuación muestran 10 unidades y algunas unidades más.

Copyright © Savvas Learning Company LLC. All Rights Reserved.

Tema 10 | Lección 3

Resuélvelo y coméntalo

Nombre ______________________________

Lección 10-4
Hallar las partes de 11, 12 y 13

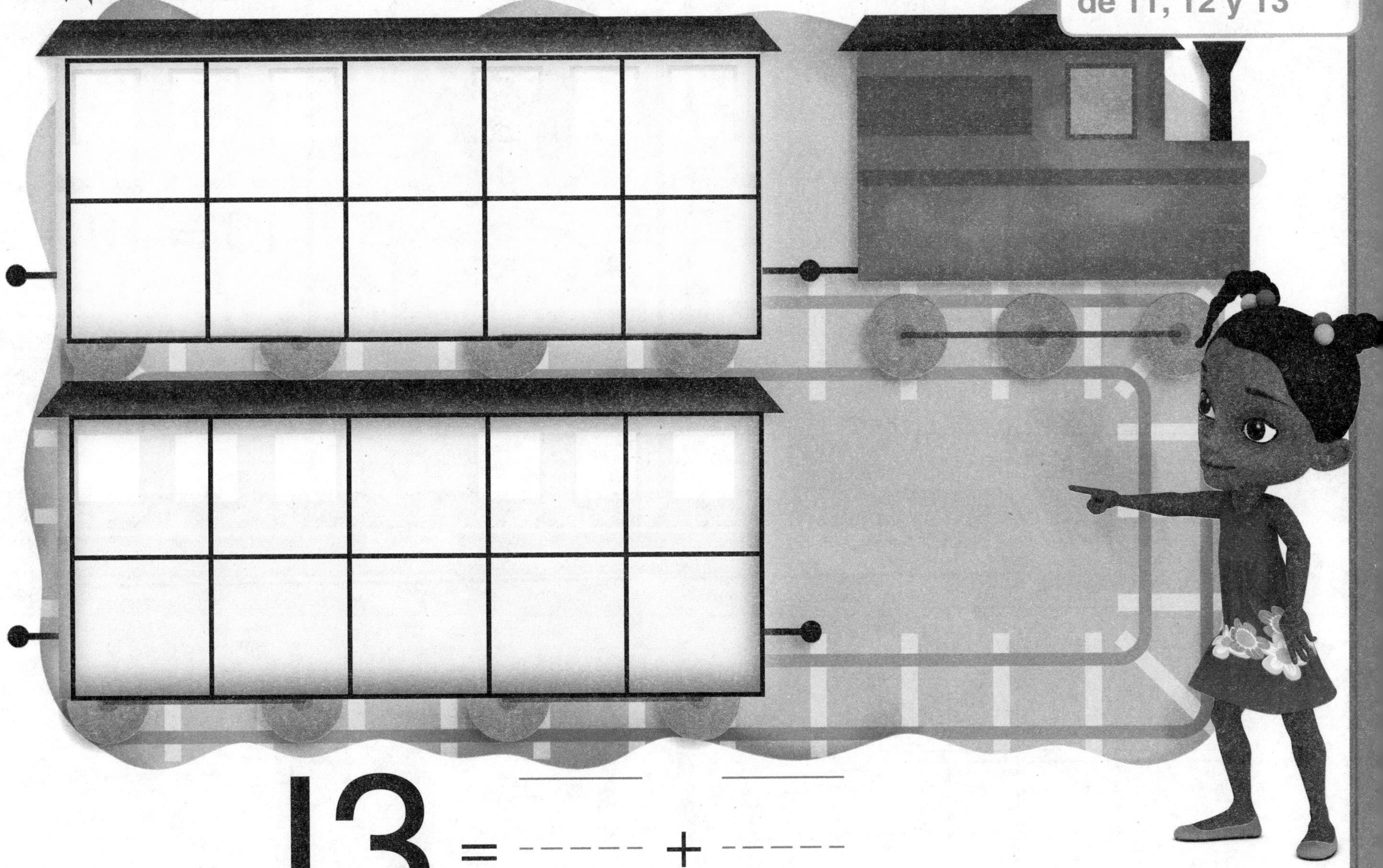

$$13 = ____ + ____$$

Instrucciones Diga: *13 estudiantes esperan el tren. Hay solo 10 asientos en cada vagón del tren. ¿Cuántos estudiantes tendrán que viajar en un segundo vagón? Usen fichas para mostrar su trabajo. Luego, digan cómo las fichas y la ecuación muestran 10 unidades y algunas unidades más.*

Puedo...
hallar partes de los números 11, 12 y 13 cuando una de las partes es 10.

También puedo hacer mi trabajo con precisión.

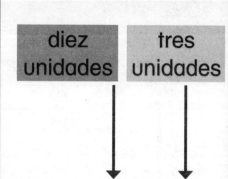

diez
unidades
10

tres
unidades
3

diez
unidades

tres
unidades

$13 = 10 + 3$

⭐ Práctica guiada

 1

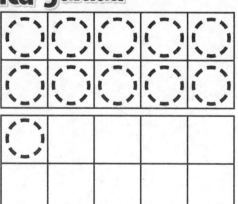

$| | = |0 + |$

Instrucciones ⭐ Pida a los estudiantes que usen fichas para mostrar 11, que las dibujen en el marco doble de 10 y que completen la ecuación para que represente el dibujo. Luego, pídales que digan cómo el dibujo y la ecuación muestran 10 unidades y algunas unidades más.

Copyright © Savvas Learning Company LLC. All Rights Reserved.

2

$$13 = \underline{\hspace{3cm}} + \underline{\hspace{3cm}}$$

3

$$12 = \underline{\hspace{3cm}} + \underline{\hspace{3cm}}$$

4

$$11 = 10 + 1$$

Instrucciones Pida a los estudiantes que: **2** usen fichas para mostrar 13, las dibujen en el marco doble de 10 y completen la ecuación para que represente el dibujo. Luego, pídales que digan cómo el dibujo y la ecuación muestran 10 unidades y algunas unidades más; **3** miren el dibujo de 12 cubos y completen la ecuación para que represente el dibujo. Luego, pídales que digan cómo el dibujo y la ecuación muestran 10 unidades y algunas unidades más; **4** dibujen fichas para representar la ecuación. Luego, pídales que digan cómo el dibujo y la ecuación muestran 10 unidades y algunas unidades más.

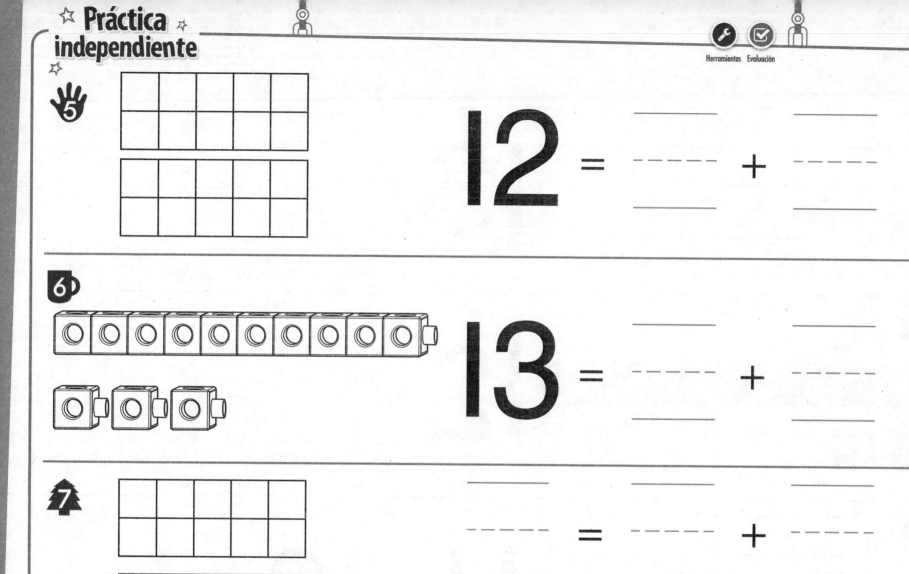

✋ 5

$12 =$ _____ $+$ _____

6️⃣

$13 =$ _____ $+$ _____

🌲 7

_____ $=$ _____ $+$ _____

_____ $+$ _____ $=$ _____

Instrucciones Pida a los estudiantes que: ✋ dibujen fichas para formar 12 y completen la ecuación para que represente el dibujo. Luego, pídales que digan cómo el dibujo y la ecuación muestran 10 unidades y algunas unidades más; 6️⃣ coloreen los cubos de azul y rojo para formar 13 y completen la ecuación para que represente el dibujo. Luego, pídales que digan cómo el dibujo y la ecuación muestran 10 unidades y algunas unidades más; 🌲 **Razonamiento de orden superior** Pida a los estudiantes que dibujen fichas para mostrar 11 y escriban dos ecuaciones que representen el dibujo. Luego, pídales que digan cómo el dibujo y las ecuaciones muestran 10 unidades y algunas unidades más.

Copyright © Savvas Learning Company LLC. All Rights Reserved.

Resuélvelo y coméntalo

Nombre _____

$$14 = \underline{} + \underline{}$$

Instrucciones Diga: 14 estudiantes van al zoológico. El primer autobús lleva 10 estudiantes. Los demás estudiantes van en el segundo autobús. Usen fichas para describir esta situación. Luego, completen la ecuación para que represente las fichas y digan cómo las fichas y la ecuación muestran 10 unidades y algunas unidades más.

Puedo...
hallar partes de los números 14, 15 y 16 cuando una de las partes es 10.

También puedo buscar cosas que se repiten.

16

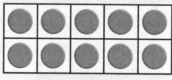
diez unidades

seis unidades

diez unidades
10

seis unidades
6

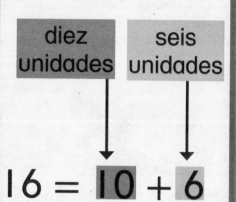

diez unidades → seis unidades

$16 = 10 + 6$

☆ Práctica guiada

1

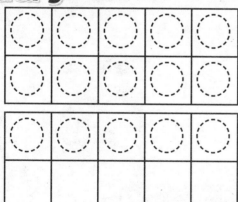

$15 = 10 + 5$

Instrucciones ⭐ Pida a los estudiantes que usen fichas para mostrar 15, que las dibujen en el marco doble de 10 y completen la ecuación para que represente el dibujo. Luego, pídales que digan cómo el dibujo y la ecuación muestran 10 unidades y algunas unidades más.

Copyright © Savvas Learning Company LLC. All Rights Reserved.

Nombre _____

 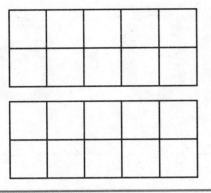

$$14 = \underline{\hspace{2cm}} + \underline{\hspace{2cm}}$$

$$16 = \underline{\hspace{2cm}} + \underline{\hspace{2cm}}$$

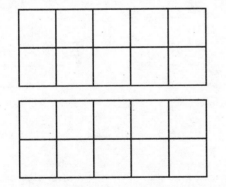

$$15 = 10 + 5$$

Instrucciones Pida a los estudiantes que: ❷ usen fichas para mostrar 14, que las dibujen en el marco doble de 10 y completen la ecuación para que represente el dibujo. Luego, pídales que digan cómo el dibujo y la ecuación muestran 10 unidades y algunas unidades más; ❸ miren el dibujo de 16 cubos y completen la ecuación para que represente el dibujo. Luego, pídales que digan cómo el dibujo y la ecuación muestran 10 unidades y algunas unidades más; ❹ dibujen fichas para representar la ecuación. Luego, pídales que digan cómo el dibujo y la ecuación muestran 10 unidades y algunas unidades más.

$$16 = 10 + 6$$

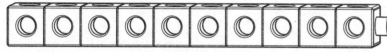

$$14 = \underline{\hspace{2cm}} + \underline{\hspace{2cm}}$$

$$\underline{\hspace{2cm}} = \underline{\hspace{2cm}} + \underline{\hspace{2cm}}$$

$$\underline{\hspace{2cm}} + \underline{\hspace{2cm}} = \underline{\hspace{2cm}}$$

Instrucciones Pida a los estudiantes que: ✋ dibujen fichas que representen la ecuación. Luego, pídales que digan cómo el dibujo y la ecuación muestran 10 unidades y algunas unidades más. ⑥ coloreen los cubos de rojo y azul para representar 14, completen la ecuación para que represente el dibujo y digan cómo el dibujo y la ecuación muestran 10 unidades y algunas unidades más. ⚡ **Razonamiento de orden superior** Pida a los estudiantes que usen fichas para mostrar 16, que las dibujen en el marco doble de 10 y que completen dos ecuaciones que representen el dibujo. Luego, pídales que digan cómo el dibujo y las ecuaciones muestran 10 unidades y algunas unidades más.

Copyright © Savvas Learning Company LLC. All Rights Reserved.

Resuélvelo y coméntalo

Nombre _____

Instrucciones Diga: ¿Cómo podemos separar estas 18 casillas en 10 unidades y algunas unidades más? Usen 2 crayones de diferentes colores para colorear las casillas y mostrar su trabajo. Luego, escriban una ecuación que represente el dibujo.

Puedo... hallar partes de los números 17, 18 y 19 cuando una de las partes es 10.

También puedo representar con modelos matemáticos.

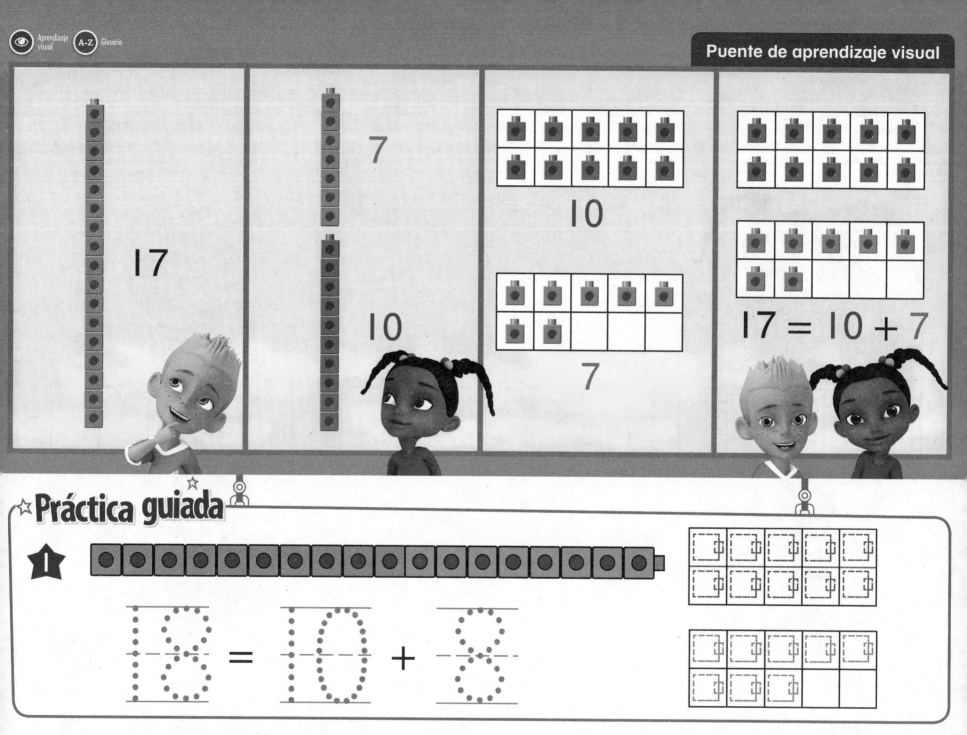

17

7
10

10
7

$$17 = 10 + 7$$

☆ Práctica guiada

⭐

$$13 = 10 + 3$$

Instrucciones ⭐ Pida a los estudiantes que coloreen 10 cubos azules para mostrar 10 unidades y luego dibujen 10 cubos azules en el primer marco de 10. Pídales que coloreen de rojo los demás cubos en el tren para mostrar más unidades, que los cuenten y que dibujen cubos rojos en el segundo marco de 10. Luego, pídales que escriban una ecuación que represente los dibujos.

Copyright © Savvas Learning Company LLC. All Rights Reserved.

Nombre _____

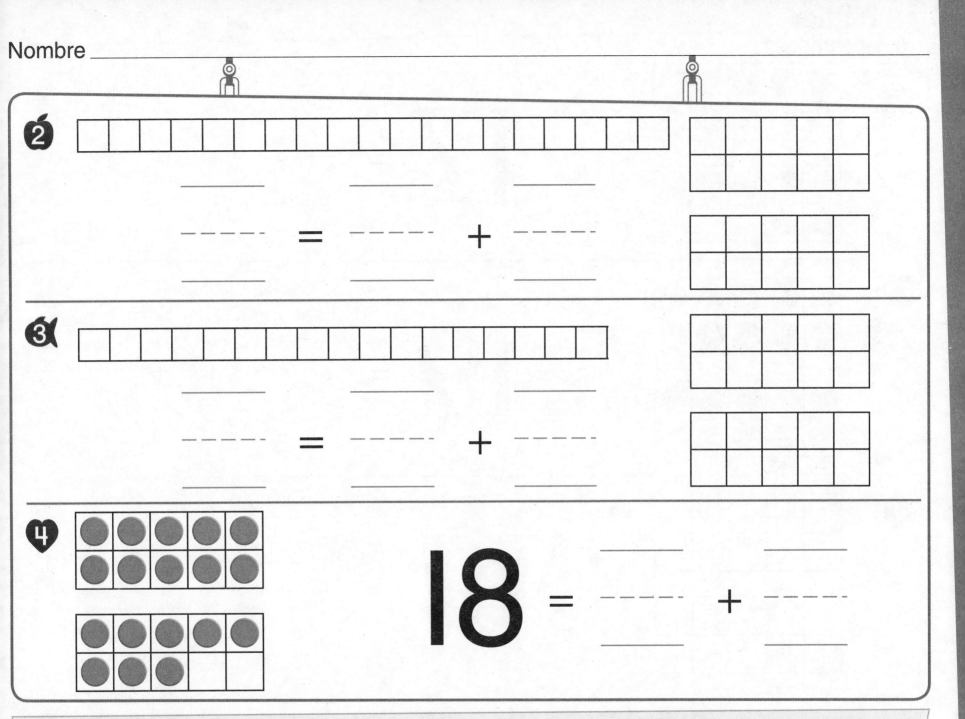

2

= _____ + _____

3

= _____ + _____

4

18 = _____ + _____

Instrucciones   Pida a los estudiantes que: **2** y **3** coloreen 10 casillas de azul para mostrar 10 unidades y luego dibujen 10 casillas azules en el primer marco de 10. Pídales que coloreen de rojo los demás cubos del tren para mostrar más unidades, que las cuenten y que dibujen casillas rojas en el segundo marco de 10. Luego, pídales que escriban una ecuación que represente los dibujos; **4** completen la ecuación para que represente las fichas. Luego, pídales que digan cómo el dibujo y la ecuación muestran 10 unidades y algunas unidades más.

Práctica independiente

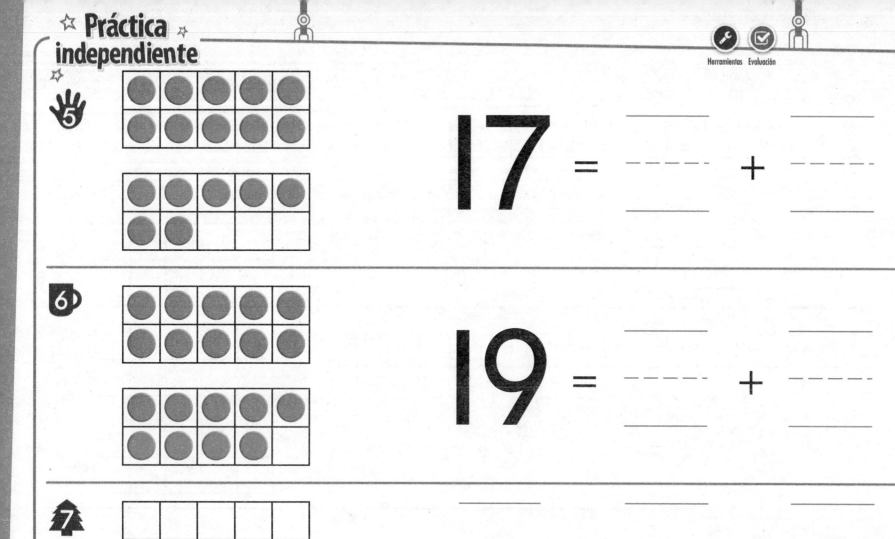

5

$$17 = \underline{} + \underline{}$$

6

$$19 = \underline{} + \underline{}$$

7

$$\underline{} = \underline{} + \underline{}$$

$$\underline{} + \underline{} = \underline{}$$

Instrucciones 5 y 6 Pida a los estudiantes que completen la ecuación para que represente las fichas. Luego, pídales que digan cómo el dibujo y la ecuación muestran 10 unidades y algunas unidades más. 7 **Razonamiento de orden superior** Pida a los estudiantes que usen fichas para mostrar 18, que las dibujen en el marco doble de 10 y que escriban dos ecuaciones que representen el dibujo. Luego, pídales que digan cómo el dibujo y las ecuaciones muestran 10 unidades y algunas unidades más.

 Copyright © Savvas Learning Company LLC. All Rights Reserved. **Tema 10** | Lección 6

Nombre _____

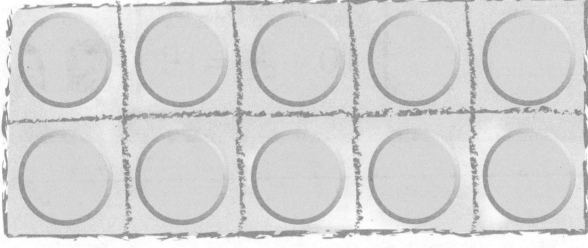

Instrucciones Diga: *Coloquen algunas fichas en el marco de 5 rojo. Usen un crayón rojo y escriban el número que indica cuántas fichas hay en el marco rojo. Coloquen la misma cantidad de fichas en el marco de 5 azul. Usen un crayón azul y escriban el número que indica cuántas fichas hay en el marco azul. Muéstrenle los números a un compañero. Comparen sus respuestas y busquen patrones. ¿En qué se parecen su número azul y su número rojo? ¿En qué se diferencian?*

Puedo...
buscar patrones para formar y hallar las partes de números hasta el 19.

También puedo usar la suma para representar mi trabajo.

4 unidades
_____
1 decena
+
4 unidades

$10 + 4 = 14$

10 más que

¿Cuál es el patrón?

Práctica guiada

1	2	3	4	5	6	7	8	9	10
11	12	13	14	15	16	17	18	19	20

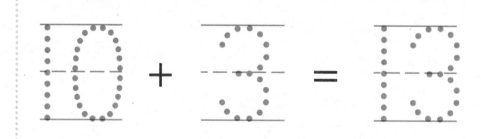

$10 + 3 = 13$

Instrucciones 1 Pida a los estudiantes que hallen el número que está dentro de la casilla azul y luego coloreen el número que es 10 más que el número en la casilla azul. Pídales que escriban una ecuación que represente cómo el número que colorearon está compuesto por 10 unidades y algunas unidades más. Luego, pida a los estudiantes que expliquen cómo decidieron qué partes sumar para formar el número.

Copyright © Savvas Learning Company LLC. All Rights Reserved.

Práctica independiente

2

1	2	3	4	5	6	7	8	9	10
11	12	13	14	15	16	17	18	19	20

_____ + _____ = _____

3

1	2	3	4	5	6	7	8	9	10
11	12	13	14	15	16	17	18	19	20

_____ + _____ = _____

4

1	2	3	4	5	6	7	8	9	10
11	12	13	14	15	16	17	18	19	20

_____ + _____ = _____

5

$10 + 1 = 11$ $10 + 2 = 12$

_____ + _____ = **13**

Instrucciones Pida a los estudiantes que: **2** a **4** busquen el número que está dentro de la casilla azul y coloreen el número que es 10 más que el número en la casilla azul. Luego, pídales que escriban una ecuación que represente cómo el número que colorearon está compuesto por 10 unidades y algunas unidades más; **5** completen la ecuación para continuar el patrón y expliquen el patrón que formaron.

Resolución de problemas

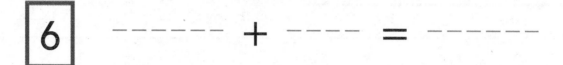

1	2	3	4	5	6	7	8	9	10
11	12	13	14	15	16	17	18	19	20

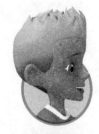

$$ \boxed{6} \quad \text{\_\_\_} + \text{\_\_\_} = \text{\_\_\_} $$

$$ \boxed{7} \quad \text{\_\_\_} + \text{\_\_\_} = \text{\_\_\_} $$

Instrucciones Lea el problema a los estudiantes. Luego, pídales que usen diferentes métodos de resolución de problemas para resolverlo. Diga: *La clase del Sr. Soto intercambiará tarjetas durante una fiesta. Hay 16 estudiantes en la clase. La tienda vende tarjetas en paquetes de 10. Alex ya tiene 6 tarjetas. Marta ya tiene 7 tarjetas. ¿Cuántas tarjetas tendrán Alex y Marta después de que cada uno compre un paquete de tarjetas?* 6 **Usar la estructura** *¿Cómo se puede usar la tabla numérica como ayuda para resolver el problema? Escriban las ecuaciones para la cantidad de tarjetas que tendrán Alex y Marta.* 7 **Generalizar** *Después de hallar la cantidad de tarjetas que tendrá Alex, ¿será más fácil hallar la cantidad de tarjetas que tendrá Marta?* 8 **Explicar** *Explíquenle a un compañero por qué sus respuestas son correctas. Luego, hablen con el compañero sobre el patrón que ven en la tabla numérica y cómo las ecuaciones muestran 10 unidades y algunas unidades más.*

Copyright © Savvas Learning Company LLC. All Rights Reserved.

1

A	Y	H
$2 + 3$	$4 - 2$	$5 - 2$

2

L	S	O
$2 - 1$	$2 + 2$	$1 - 1$

_____	_____	_____
$4 - 1$	$4 + 1$	$1 + 1$

_____	_____	_____
$1 + 3$	$0 + 0$	$5 - 4$

Instrucciones **1** y **2** Pida a los estudiantes que trabajen en parejas. Pídales que señalen una pista en la primera fila y luego resuelvan el problema de suma o de resta. Luego, pídales que miren las pistas en la segunda fila para hallar el problema que corresponde a la pista y luego escriban la letra de la pista encima del problema. Pida a los estudiantes que emparejen todas las pistas.

Puedo... sumar y restar con fluidez hasta el 5.

También puedo construir argumentos matemáticos.

Repaso del vocabulario

 A-Z
Glosario

 1

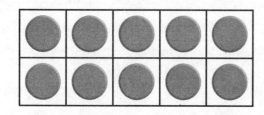

$$10 + \underline{} = 15$$

2

$$19 = 10 + \underline{}$$

Instrucciones **Comprender el vocabulario** Pida a los estudiantes que: ⭐ completen el dibujo y la ecuación para mostrar **cuántas más** se necesitan para formar 15; 2 completen el dibujo y la ecuación para mostrar **cuántas más** se necesitan para formar 19.

 Copyright © Savvas Learning Company LLC. All Rights Reserved.

Nombre _____

Grupo A

$$10 + 1 = 11$$

_____   +   _____   =   _____

Grupo B

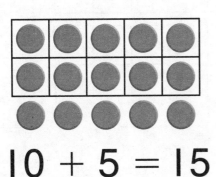

$$10 + 5 = 15$$

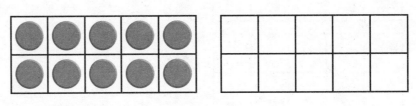

_____   +   _____   =   _____

Instrucciones   Pida a los estudiantes que: ⭐ escriban una ecuación que represente los bloques. Luego, pídales que digan cómo el dibujo y la ecuación muestran 10 unidades y algunas unidades más; 🍎 dibujen fichas para mostrar 16 y luego escriban una ecuación que represente el dibujo. Luego, digan cómo el dibujo y la ecuación muestran 10 unidades y algunas unidades más.

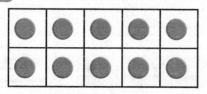

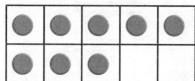

$$10 + 8 = 18$$

③

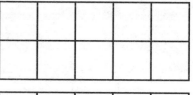

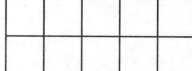

$$10 + 7 = 17$$

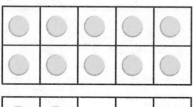

$$12 = 10 + 2$$

④

$$11 = \underline{\hspace{1cm}} + \underline{\hspace{1cm}}$$

Instrucciones Pida a los estudiantes que: ③ dibujen fichas que representen la ecuación. Luego, pídales que digan cómo el dibujo y la ecuación muestran 10 unidades y algunas unidades más; ④ dibujen fichas para formar 11 y luego completen la ecuación para que represente el dibujo. Luego, pídales que digan cómo el dibujo y la ecuación muestran 10 unidades y algunas unidades más.

Copyright © Savvas Learning Company LLC. All Rights Reserved.

Nombre _____

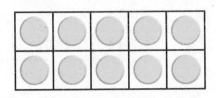

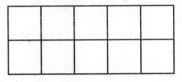

$16 = 10 + 6$

$14 +$ _____ $=$ _____

_____   _____

1	2	3	4	5	6	7	8	9	10
11	12	13	14	15	16	17	18	19	20

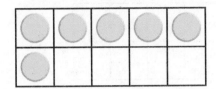

1	2	3	4	5	6	7	8	9	10
11	12	13	14	15	16	17	18	19	20

$19 = 10 + 9$

_____ $+$ _____ $=$ _____

Instrucciones Pida a los estudiantes que: ✋₅ usen fichas para mostrar 14, las dibujen en el marco doble de 10 y completen la ecuación para que represente el dibujo. Luego, pídales que digan cómo el dibujo y la ecuación muestran 10 unidades y algunas unidades más; ☕₆ busquen el número que está en la casilla azul y coloreen el número que es 10 más que el número en la casilla azul. Luego, pídales que escriban una ecuación que represente los números y digan cómo la ecuación muestra 10 unidades y algunas unidades más.

Tema 10 | Refuerzo

cuatrocientos veintiuno **421**

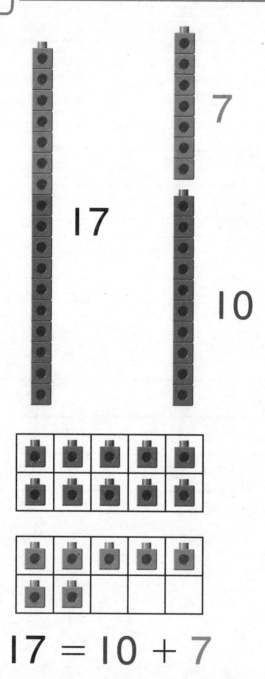

7

17

10

17 = 10 + 7

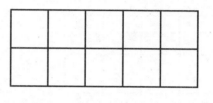

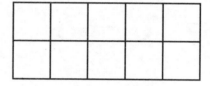

_____ _____ _____

– – – – – **=** – – – – – **+** – – – – –

_____ _____ _____

Instrucciones Pida a los estudiantes que: coloreen 10 cubos de azul para mostrar 10 unidades y luego dibujen 10 cubos azules en el primer marco de 10. Pídales que coloreen los demás cubos de rojo para mostrar más unidades, que los cuenten y que dibujen la misma cantidad de cubos rojos en el segundo marco de 10. Luego, pídales que escriban una ecuación que represente los dibujos.

Copyright © Savvas Learning Company LLC. All Rights Reserved.

Nombre _____

Práctica para
la evaluación

 1

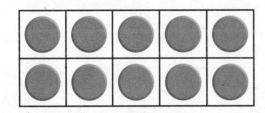

(A) $15 = 10 + 5$

(B) $14 = 10 + 4$

(C) $13 = 10 + 3$

(D) $12 = 10 + 2$

 2

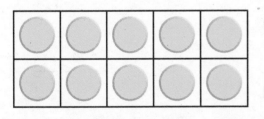

(A)   10 y 6

(B)   10 y 7

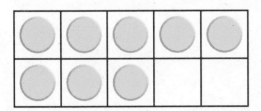

(C)   10 y 8

(D)   10 y 9

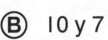 _____ + _____ = 18

3

(A)   10 y 0

(B)   10 y 1

(C)   10 y 2

(D)   10 y 3

Instrucciones   Pida a los estudiantes que marquen la mejor respuesta. 1 Diga: *Mateo usa un marco de 10 con fichas para contar sus canicas.*
¿Qué ecuación representa la imagen y muestra cuántas canicas tiene Mateo? 2 Diga: *Sara cuenta las fichas y obtiene 18. ¿Qué dos números suman*
18? Usen la ecuación y el marco doble de 10 como ayuda. 3 Diga: *Carlos tiene 12 camiones de juguete. ¿Qué puede hacer Carlos para separar sus*
camiones en diez unidades y algunas unidades más?

4

1	2	3	4	5	6	7	8	9	10
11	12	13	14	15	16	17	18	19	20

_____ _____

_ _ _ _ _ + _ _ _ _ _ = _ _ _ _ _

_____ _____

5

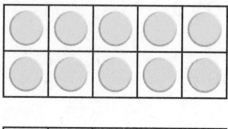

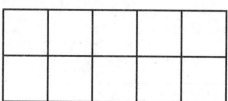

13 = _ _ _ _ _ + _ _ _ _ _

_____ _____

Instrucciones   Pida a los estudiantes que: ❤ busquen el número que está dentro de una casilla azul y luego coloreen el número que es 10 más que el número en la casilla azul. Luego, pídales que escriban una ecuación que represente cómo el número que colorearon está compuesto por diez y algunas unidades más; ✋ dibujen fichas para formar 13 y luego completen la ecuación para que represente el dibujo.

Copyright © Savvas Learning Company LLC. All Rights Reserved.
Tema 10 | Práctica para la evaluación

6

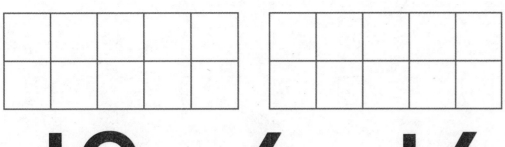

$$10 + 6 = 16$$

7

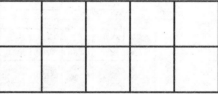

_____ _____

- - - - = - - - - + - - - -

_____ _____

Instrucciones Pida a los estudiantes que: **6** escuchen este cuento: *Gabby tiene 16 fichas. Ella quiere poner sus fichas en un marco doble de 10 para descomponer 16 en decenas y unidades. Dibujen fichas para representar la ecuación de Gabby;* **7** coloreen 10 cubos de azul para mostrar 10 unidades y luego dibujen 10 casillas azules en el primer marco de 10. Pídales que coloreen de rojo los demás cubos del tren para mostrar más unidades, que los cuenten y que luego dibujen casillas rojas en el segundo marco de 10. Luego, pídales que escriban una ecuación que represente los dibujos.

	$14 = 10 + 4$	$11 = 10 + 1$	$13 = 10 + 3$	$17 = 10 + 7$
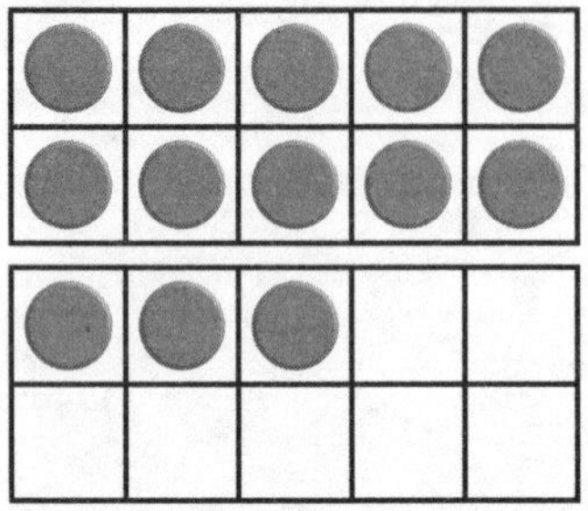	☐	☐	☐	☐
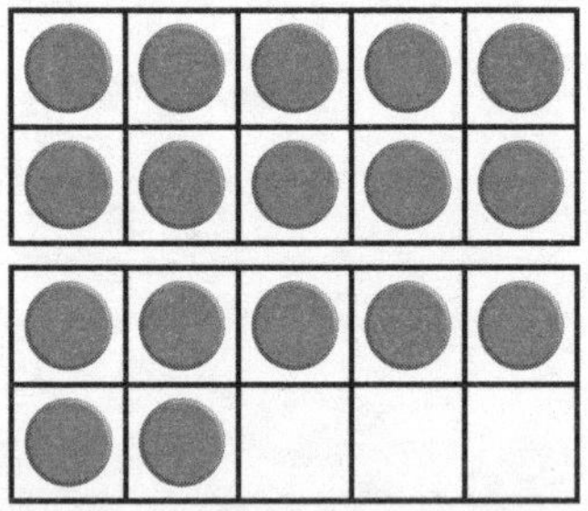	☐	☐	☐	☐
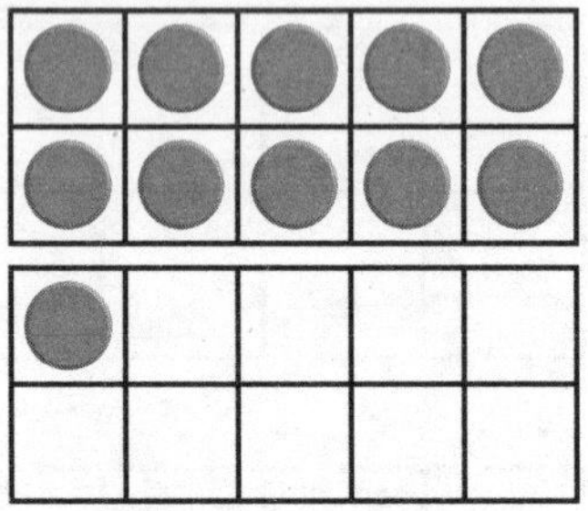	☐	☐	☐	☐
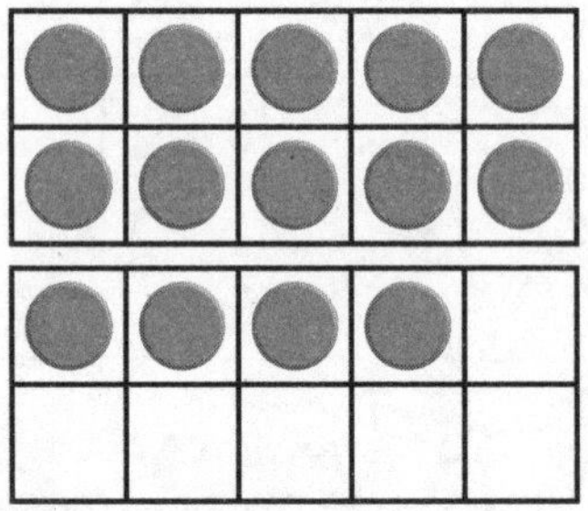	☐	☐	☐	☐

Instrucciones 8 Pida a los estudiantes que escojan la ecuación que representa cada marco doble de 10.

Copyright © Savvas Learning Company LLC. All Rights Reserved.

Nombre _____

 Tarea de rendimiento

1

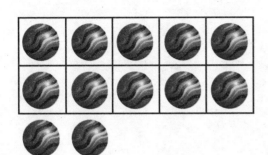

- - - - -   +   - - - - -   =   - - - - -

- - - - -

2

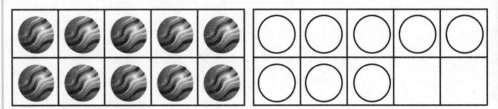

18 =   - - - - -   +   - - - - -

3

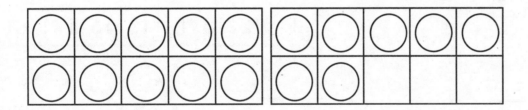

- - - - -   =   - - - - -   +   - - - - -   - - - - -   +   - - - - -   =

- - - - -

Instrucciones   Las canicas de Mateo Diga: *Mateo colecciona diferentes tipos de canicas. Usen marcos de 10 como ayuda para contar sus canicas.* Pida a los estudiantes que: **1** escriban la ecuación para mostrar cuántas canicas moradas tiene Mateo; **2** dibujen canicas rojas en el segundo marco de 10 para mostrar 18 canicas rojas en total y luego completen la ecuación. Pídales que digan cómo el dibujo y la ecuación muestran 10 unidades y algunas unidades más; **3** dibujen 17 canicas amarillas en el marco doble de 10 y luego escriban dos ecuaciones que representen su dibujo.

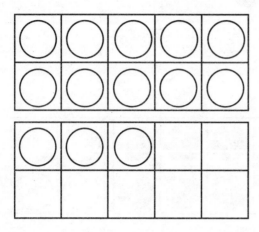

$$10 + 3 = 13$$

1	2	3	4	5	6	7	8	9	10
11	12	13	14	15	16	17	18	19	20

_____

_ _ _ _ _ _ _ _

_____

_ _ _ _ _ _ _ _   **+**   _ _ _ _ _ _ _ _   **=**   _ _ _ _ _ _ _ _

_____   _____   _____

Instrucciones ❤ Pida a los estudiantes que miren la ecuación que escribió Mateo para mostrar cuántas canicas verdes tiene y luego dibujen las canicas en el marco doble de 10 para mostrar el número. Pídales que digan cómo el dibujo muestra 10 unidades y algunas unidades más. ✋ Diga: *Mateo puso sus canicas de rayas en un marco de 5. Luego, compró 10 canicas de rayas más.* Pida a los estudiantes que escriban el número que indica cuántas canicas de rayas tenía Mateo al principio y coloreen la casilla de la tabla numérica que indica cuántas canicas de rayas tiene ahora. Luego, pídales que escriban una ecuación y que expliquen cómo el dibujo y la ecuación muestran 10 unidades y algunas unidades más.

Copyright © Savvas Learning Company LLC. All Rights Reserved.
Tema 10 | Tarea de rendimiento

TEMA 11 · Contar números hasta 100

Pregunta esencial: ¿Cómo puedes contar los números hasta 100 usando una tabla de 100?

Libro del estudiante · Aprendizaje visual · Práctica · Evaluación · Herramientas · Glosario

Hormigas

Las hormigas viven en colonias.

Proyecto de enVision STEM: Las colonias de hormigas

Instrucciones Lea el diálogo a los estudiantes. **¡Investigar!** Pida a los estudiantes que investiguen cómo las hormigas viven y trabajan juntas en colonias. Diga: *Hablen con sus amigos y familiares sobre las colonias de hormigas. Pregunten sobre los diferentes trabajos que realizan las hormigas en una colonia y que las ayudan a sobrevivir.* **Diario: Hacer un cartel** Pida a los estudiantes que hagan un cartel. Pídales que dibujen una colonia de hormigas con 5 grupos de hormigas. Debe haber 10 hormigas en cada grupo. Luego, pídales que cuenten de diez en diez para hallar cuántas hormigas hay en total. Pida a los estudiantes que usen una tabla de 100 para practicar el conteo de diez en diez hasta el 50.

Tema 11 · cuatrocientos veintinueve **429**

Nombre _____

Repasa lo que sabes

1

11 17 19

2

10 + 6

3 + 10

3

10 + 4

8 + 10

4

_____
- - - - - - - - - - -
_____
- - - - - - - - - - -

5

_____
- - - - - - - - - - -
_____
- - - - - - - - - - -

6

_____
- - - - - - - - - - -
_____
- - - - - - - - - - -

Instrucciones Pida a los estudiantes que: **1** encierren en un círculo el número *diecinueve*; **2** encierren en un círculo la expresión de suma que forma 16; **3** encierren en un círculo la expresión de suma que forma 18; **4** a **6** cuenten los objetos de cada conjunto, escriban los números que indican cuántos hay y luego encierren en un círculo el número que es mayor que el otro número.

Copyright © Savvas Learning Company LLC. All Rights Reserved.
Tema 11

Nombre _____

A

B

C

Instrucciones Diga: *Escogerán uno de estos proyectos. Miren la foto* **A**. *Piensen en esta pregunta: ¿Qué harían si tuvieran más de dos piernas? Si escogen el Proyecto A, harán el modelo de un ciempiés. Miren la foto* **B**. *Piensen en esta pregunta: ¿Podemos usar las matemáticas para bailar? Si escogen el Proyecto B, crearán un baile de números. Miren la foto* **C**. *Piensen en esta pregunta: ¿Dónde pueden hallar una piedra lunar? Si escogen el Proyecto C, recogerán y contarán tesoros.*

Representación matemática

Apiladas

▶ Video

¡Yo también puedo hacer eso!

Instrucciones Lea a los estudiantes lo que dice el robot. **Crear interés** Pregunte a los estudiantes sobre su experiencia apilando bloques. Diga: *¿Cuál es la torre de bloques más alta que construyeron? ¿Cuántos bloques de alto tenía?* Permita que los estudiantes construyan una torre de bloques y observen cuántos bloques usaron para hacerla.

Puedo...

representar con modelos matemáticos para contar de 1 en 1 y de 10 en 10 para resolver un problema.

Copyright © Savvas Learning Company LLC. All Rights Reserved.

1	2	3	4	5	6	7	8	9	10
11	12	13	14	15	16	17	18	19	20
21	22	23	24	25	26	27	28	29	30

Instrucciones Diga: *Cuenten en voz alta del 1 al 30 a medida que señalan cada número. ¿Qué patrones ven o escuchan cuando cuentan hasta el 30 usando los números de la tabla? Coloreen las casillas que muestran el patrón que hallen.*

Puedo... usar patrones para contar hasta el 30.

También puedo buscar patrones.

1	2	3	4	5	6	7	8	9	10
11	12	13	14	15	16	17	18	19	20
21	22	23	24	25	26	27	28	29	30

1	2	3	4	5	6	7	8	9	10
11	12	13	14	15	16	17	18	19	20
21	22	23	24	25	26	27	28	29	30

☆ Práctica guiada

1
2

1	2	3	4	5	6	7	8	9	10
11	12	13	14	15	16	17	18	19	20
21	22	23	24	25	26	27	28	29	30

Instrucciones Pida a los estudiantes que: **1** cuenten en voz alta del 1 al 10 a medida que señalan cada número. Pídales que escuchen los siguientes números de la última fila y luego encierren en un círculo el número de la primera fila y la parte del número de la última fila que suenan igual: *veintiUNO, veintiDÓS, veintiTRÉS, veintiCUATRO, veintiCINCO, veintiSÉIS;* **2** escuchen el patrón y luego coloreen con crayones los números que escuchan: 16, 17, 18, 19.

Copyright © Savvas Learning Company LLC. All Rights Reserved.
Tema 11 | **Lección 1**

Nombre _____

❸

1	2	3	4	5	6	7	8	9	10
11	12	13	14	15	16	17	18	19	20
21	22	23	24	25	26	27	28	29	30

❹

✋❺

1	2	3	4	5	6	7	8	9	10
11	12	13	14	15	16	17	18	19	20
21	22	23	24	25	26	27	28	29	30

❻

Instrucciones Pida a los estudiantes que escuchen el conteo, coloreen los números que escuchan y luego indiquen qué patrón ven o escuchan:
❸ 1, 2, 3, 4, 5; ❹ 25, 26, 27, 28; ✋❺ 4, 14, 24; ❻ 16, 17, 18, 19.

7

1	2	3	4	5	6	7	8	9	10
11	12	13	14	15	16	17	18	19	20
21	22	23	24	25	26	27	28	29	30

8

9

1	2	3	4	5	6	7	8	9	10
11	12	13	14	15	16	17	18	19	20
21	22	23	24	25	26	27	28	29	30

Instrucciones Pida a los estudiantes que escuchen el conteo, coloreen los números que escuchan y luego indiquen qué patrón ven o escuchan: 🌲 7, 17, 27; 🚩 21, 22, 23, 24, 25. 🔷 **Pensamiento de orden superior** Pida a los estudiantes que escuchen el conteo, coloreen los números que escuchan y luego indiquen qué patrón escuchan: 13, 14, 15, 16, 17, 18. Luego, pídales que encierren en un círculo el siguiente número del patrón.

Copyright © Savvas Learning Company LLC. All Rights Reserved.

Nombre _____

Lección 11-2
Contar de 1 en 1
y de 10 en 10
hasta el 50

1	2	3	4	5	6	7	8	9	10
11	12	13	14	15	16	17	18	19	20
21	22	23	24	25	26	27	28	29	30
31	32	33	34	35	36	37	38	39	40
41	42	43	44	45	46	47	48	49	50

Instrucciones Diga: *Trabajen con un compañero, Cuenten del 1 al 50. Uno de ustedes señala cada número de la primera fila mientras el otro cuenta en voz alta cada número. Mire a los estudiantes mientras cuentan las 5 filas.* Diga: *Ahora, uno de ustedes cubrirá algunos números del tablero con fichas. El otro adivinará cuáles son los números que faltan. Jueguen 3 veces y luego coloreen los números que sean más difíciles de recordar.*

Puedo...
usar patrones para contar hasta el 50.

También puedo entender problemas.

1	2	3	4	5	6	7	8	9	⬤
11	12	13	14	15	16	17	18	19	⬤
21	22	23	24	25	26	27	28	29	⬤
31	32	33	34	35	36	37	38	39	⬤
41	42	43	44	45	46	47	48	49	⬤

1	2	3	4	5	6	7	8	9	10
11	12	13	14	15	16	17	18	19	20
21	22	23	24	25	26	27	28	29	30
31	32	33	⬤	⬤	⬤	⬤	⬤	39	40
41	42	43	44	45	46	47	48	49	50

9 → **10** → 11
19 → **20** → 21
29 → **30** → 31
39 → **40** → 41
49 → **50** → 51

33 → **34** → **35** → **36** → 37 → 38 → 39

⭐ Práctica guiada

1

21	22	23	24	25	26	27	28	29	30

2

31	32	33	34	35	36	37	38	39	40

41	42	43	44	45	46	47	48	49	50

Instrucciones Pida a los estudiantes que: **1** cuenten en voz alta los números de la primera fila y los señalen mientras cuentan. Luego, pídales que cuenten en voz alta todos los números de la segunda fila desde el 31 hasta el 39 y encierren en un círculo la parte del número que suene igual; **2** lean los números de la primera columna y encierren en un círculo el número que escuchan en todos los números.

Copyright © Savvas Learning Company LLC. All Rights Reserved.

Nombre _____

1	2	3	4	5	6	7	8	9	10
11	12	13	14	15	16	17	18	19	20
21	22	23	24	25	26	27	28	29	30
31	32	33	34	35	36	37	38	39	40
41	42	43	44	45	46	47	48	49	50

Instrucciones Pida a los estudiantes que: ❸ busquen el número verde de la tabla y luego comiencen a contar de uno en uno hasta el 30. Diga: *Coloreen de verde todos los números que tengan "veinti" como parte del número;* ❹ busquen el número rojo, comiencen a contar de uno en uno y se detengan al llegar a 49. Diga: *Coloreen de rojo todos los números que contaron;* ❺ busquen el número amarillo. Luego, pídales que cuenten de uno en uno hasta llegar al número rojo. Diga: *¿Qué números contaron? Coloreen esos números de amarillo;* ❻ busquen el número azul. Luego, pídales que encierren en un círculo la parte del número que sea igual en todos los números de la columna; ❼ cubran 3 números de la tabla con fichas. Diga: *Muestren su tabla a un amigo y pregúntenle qué números faltan.*

1	2	3	4	5	6	7	8	9	10
11	12	13	14	15	16	17	18	19	20
21	22	23	24	25	26	27	28	29	30
31	32	33	34	35	36	37	38	39	40
41	42	43	44	45	46	47	48	49	50

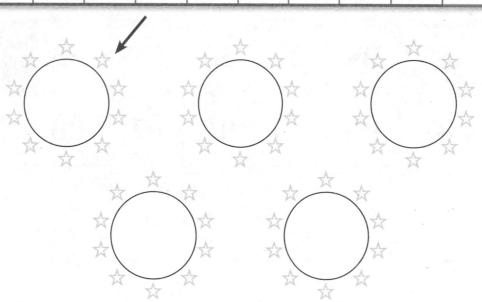

Instrucciones ⊠ Pida a los estudiantes que comiencen a contar las estrellas que están alrededor del primer círculo donde está la flecha, y luego continúen en el sentido de las manecillas del reloj hasta contarlas todas. Diga: *Cuando terminen de contar un círculo, tachen en la tabla el último número que contaron*. Pídales que sigan contando las estrellas que están alrededor de los círculos y que tachen en la tabla el último número que cuentan en cada círculo hasta llegar al final de las estrellas. ◈ **Razonamiento de orden superior** Diga: *Coloreen un número en la tabla. Ahora, cuenten esa misma cantidad de estrellas. Coloréenlas para mostrar cuántas contaron.*

Copyright © Savvas Learning Company LLC. All Rights Reserved.

Resuélvelo y coméntalo

Nombre _____

1	2	3	4	5	6	7	8	9	10
11	12	13	14	15	16	17	18	19	20
21	22	23	24	25	26	27	28	29	30
31	32	33	34	35	36	37	38	39	40
41	42	43	44	45	46	47	48	49	50
51	52	53	54	55	56	57	58	59	60
61	62	63	64	65	66	67	68	69	70
71	72	73	74	75	76	77	78	79	80
81	82	83	84	85	86	87	88	89	90
91	92	93	94	95	96	97	98	99	100

Instrucciones Diga: *Coloreen todas las casillas de los números que tienen un cero mientras los cuentan en voz alta. Digan cómo saben qué números deben contar. Cuenten hacia adelante de diez en diez desde 30 hasta 100. Señalen los números mientras se los cuentan en voz alta a un compañero. Ahora, comiencen en 60. Cuenten de diez en diez hasta 100. Marquen cada número con una X mientras se lo dicen a un compañero.*

Puedo...
contar de diez en diez hasta 100.

También puedo buscar patrones.

1	2	3	4	5	6	7	8	9	10
11	12	13	14	15	16	17	18	19	20
21	22	23	24	25	26	27	28	29	30
31	32	33	34	35	36	37	38	39	40
41	42	43	44	45	46	47	48	49	50
51	52	53	54	55	56	57	58	59	60

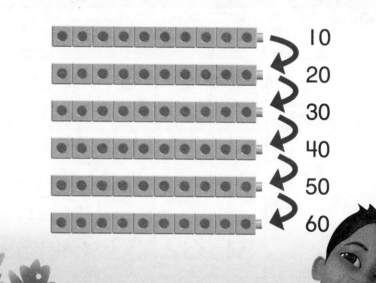

10
20
30
40
50
60

Práctica guiada

1

1	2	3	4	5	6	7	8	9	10
11	12	13	14	15	16	17	18	19	20
21	22	23	24	25	26	27	28	29	30
31	32	33	34	35	36	37	38	39	40
41	42	43	44	45	46	47	48	49	50
51	52	53	54	55	56	57	58	59	60

2

51	52	53	54	55	56	57	58	59	60
61	62	63	64	65	66	67	68	69	70
71	72	73	74	75	76	77	78	79	80
81	82	83	84	85	86	87	88	89	90
91	92	93	94	95	96	97	98	99	100

Instrucciones Pida a los estudiantes que: **1** encierren en un círculo la decena que viene antes de 40 pero después de 20; **2** encierren en un círculo la decena que falta en este patrón: 60, 80, 90, 100.

442 cuatrocientos cuarenta y dos

Copyright © Savvas Learning Company LLC. All Rights Reserved.

Tema 11 | Lección 3

Nombre _____

❸

1	2	3	4	5	6	7	8	9	10
11	12	13	14	15	16	17	18	19	20
21	22	23	24	25	26	27	28	29	30
31	32	33	34	35	36	37	38	39	40
41	42	43	44	45	46	47	48	49	50
51	52	53	54	55	56	57	58	59	60
61	62	63	64	65	66	67	68	69	70
71	72	73	74	75	76	77	78	79	80
81	82	83	84	85	86	87	88	89	90
91	92	93	94	95	96	97	98	99	100

❹

20   30   50

❺

40   60   70

❻

80   90   100

Instrucciones Pida a los estudiantes que: **❸** encierren en un círculo los números que faltan en el siguiente patrón: *diez, veinte, treinta,* ____, *cincuenta,* ____, *setenta,* ____, ____, *cien;* **❹** a **❻** cuenten los cubos de diez en diez y luego encierren en un círculo el número que indica cuántos hay.

Tema 11 | Lección 3   cuatrocientos cuarenta y tres   **443**

 7

60   80   100

8

60   80   100

9

1	2	3	4	5	6	7	8	9	10
11	12	13	14	15	16	17	18	19	20
21	22	23	24	25	26	27	28	29	30
31	32	33	34	35	36	37	38	39	(40)
41	42	43	44	45	46	47	48	49	50
51	52	53	54	55	56	57	58	59	60
61	62	63	64	65	66	67	68	69	70
71	72	73	74	75	76	77	78	79	80
81	82	83	84	85	86	87	88	89	90
91	92	93	94	95	96	97	98	99	100

 10

_____

- - - - - - - - -

_____

Instrucciones 🔧 y **8** Pida a los estudiantes que cuenten los cubos y luego encierren en un círculo el número que indica cuántos hay. **9** Diga: *Si comienzan en 40, ¿cómo contarían hasta 100 de diez en diez? Encierren en un círculo los números que cuentan.* **10 Razonamiento de orden superior** Pida a los estudiantes que miren la tabla de 100 y lean las decenas. Diga: *¿Cuántas decenas hay en la tabla? Escriban el número.*

Copyright © Savvas Learning Company LLC. All Rights Reserved.

1	2	3	4	5	6	7	8	9	10
11	12	13	14	15	16	17	18	19	20
21	22	23	24	25	26	27	28	29	30
31	32	33	34	35	36	37	38	39	40
41	42	43	44	45	46	47	48	49	50
51	52	53	54	55	56	57	58	59	60
61	62	63	64	65	66	67	68	69	70
71	72	73	74	75	76	77	78	79	80
81	82	83	84	85	86	87	88	89	90
91	92	93	94	95	96	97	98	99	100

Instrucciones Diga: *Cuenten hacia adelante desde el número amarillo. Deténganse en el número rojo. Digan cuántos números contaron en voz alta. Coloreen las casillas de los números que contaron en voz alta para mostrar su trabajo.* Pida a los estudiantes que repitan los mismos pasos para la secuencia de casillas del número azul al verde y del anaranjado al morado.

Puedo...
contar de 1 en 1 desde cualquier número hasta 100.

También puedo usar herramientas matemáticas correctamente.

 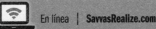

72

91

71	72 →	73 →	74 →	75 →	76 →	77 →	78 →	79 →	80 →
81 →	82 →	83 →	84 →	85 →	86 →	87 →	88 →	89 →	90 →
91	92	93	94	95	96	97	98	99	100

☆ Práctica guiada

1

21	22	23	24	25	26	27	28	29	30
31	32	33	34	35	36	37	38	39	40
41	42	43	44	45	46	47	48	49	50
51	52	53	54	55	56	57	58	59	60

2

1	2	3	4	5	6	7	8	9	10
11	12	13	14	15	16	17	18	19	20
21	22	23	24	25	26	27	28	29	30
31	32	33	34	35	36	37	38	39	40

Instrucciones ☆1 y **2** Pida a los estudiantes que coloreen las casillas de los números a medida que cuentan en voz alta desde la casilla amarilla hasta la casilla roja.

Copyright © Savvas Learning Company LLC. All Rights Reserved.

3

1	2	3	4	5	6	7	8	9	10
11	12	13	14	15	16	17	18	19	20
21	22	23	24	25	26	27	28	29	30
31	32	33	34	35	36	37	38	39	40
41	42	43	44	45	46	47	48	49	50
51	52	53	54	55	56	57	58	59	60
61	62	63	64	65	66	67	68	69	70
71	72	73	74	75	76	77	78	79	80
81	82	83	84	85	86	87	88	89	90
91	92	93	94	95	96	97	98	99	100

 4

1	2	3	4	5	6	7	8	9	10
11	12	13	14	15	16	17	18	19	20
21	22	23	24	25	26	27	28	29	30
31	32	33	34	35	36	37	38	39	40
41	42	43	44	45	46	47	48	49	50
51	52	53	54	55	56	57	58	59	60
61	62	63	64	65	66	67	68	69	70
71	72	73	74	75	76	77	78	79	80
81	82	83	84	85	86	87	88	89	90
91	92	93	94	95	96	97	98	99	100

 5

1	2	3	4	5	6	7	8	9	10
11	12	13	14	15	16	17	18	19	20
21	22	23	24	25	26	27	28	29	30
31	32	33	34	35	36	37	38	39	40
41	42	43	44	45	46	47	48	49	50
51	52	53	54	55	56	57	58	59	60
61	62	63	64	65	66	67	68	69	70
71	72	73	74	75	76	77	78	79	80
81	82	83	84	85	86	87	88	89	90
91	92	93	94	95	96	97	98	99	100

 6

1	2	3	4	5	6	7	8	9	10
11	12	13	14	15	16	17	18	19	20
21	22	23	24	25	26	27	28	29	30
31	32	33	34	35	36	37	38	39	40
41	42	43	44	45	46	47	48	49	50
51	52	53	54	55	56	57	58	59	60
61	62	63	64	65	66	67	68	69	70
71	72	73	74	75	76	77	78	79	80
81	82	83	84	85	86	87	88	89	90
91	92	93	94	95	96	97	98	99	100

Instrucciones **3** a **6** Pida a los estudiantes que coloreen las casillas de los números a medida que cuentan en voz alta desde la casilla amarilla hasta la casilla roja.

Práctica independiente

 7

1	2	3	4	5	6	7	8	9	10
11	12	13	14	15	16	17	18	19	20
21	22	23	24	25	26	27	28	29	30
31	32	33	34	35	36	37	38	39	40
41	42	43	44	45	46	47	48	49	50
51	52	53	54	55	56	57	58	59	60
61	62	63	64	65	66	67	68	69	70
71	72	73	74	75	76	77	78	79	80
81	82	83	84	85	86	87	88	89	90
91	92	93	94	95	96	97	98	99	100

 **8**

1	2	3	4	5	6	7	8	9	10
11	12	13	14	15	16	17	18	19	20
21	22	23	24	25	26	27	28	29	30
31	32	33	34	35	36	37	38	39	40
41	42	43	44	45	46	47	48	49	50
51	52	53	54	55	56	57	58	59	60
61	62	63	64	65	66	67	68	69	70
71	72	73	74	75	76	77	78	79	80
81	82	83	84	85	86	87	88	89	90
91	92	93	94	95	96	97	98	99	100

 9

1	2	3	4	5	6	7	8	9	10
11	12	13	14	15	16	17	18	19	20
21	22	23	24	25	26	27	28	29	30
31	32	33	34	35	36	37	38	39	40
41	42	43	44	45	46	47	48	49	50
51	52	53	54	55	56	57	58	59	60
61	62	63	64	65	66	67	68	69	70
71	72	73	74	75	76	77	78	79	80
81	82	83	84	85	86	87	88	89	90
91	92	93	94	95	96	97	98	99	100

 10

1	2	3	4	5	6	7	8	9	10
11	12	13	14	15	16	17	18	19	20
21	22	23	24	25	26	27	28	29	30
31	32	33	34	35	36	37	38	39	40
41	42	43	44	45	46	47	48	49	50
51	52	53	54	55	56	57	58	59	60
61	62	63	64	65	66	67	68	69	70
71	72	73	74	75	76	77	78	79	80
81	82	83	84	85	86	87	88	89	90
91	92	93	94	95	96	97	98	99	100

Instrucciones ✿ a ✿ Pida a los estudiantes que coloreen las casillas de los números a medida que cuentan en voz alta desde la casilla amarilla hasta la casilla roja. **10 Razonamiento de orden superior** Pida a los estudiantes que escuchen el conteo y luego coloreen la casilla del número que falta: 79, 80, 81, 83, 84, 85, 86, 87, 88. Diga: *Encierren en un círculo los números de la tabla que sean 1 más y 1 menos que el número que falta.*

Copyright © Savvas Learning Company LLC. All Rights Reserved.

Nombre _____

1	2	3	4	5	6	7	8	9	10
11	12	13	14	15	16	17	18	19	20
21	22	23	24	25	26	27	28	29	30
31	32	33	34	35	36	37	38	39	40
41	42	43	44	45	46	47	48	49	50
51	52	53	54	55	56	57	58	59	60
61	62	63	64	65	66	67	68	69	70
71	72	73	74	75	76	77	78	79	80
81	82	83	84	85	86	87	88	89	90
91	92	93	94	95	96	97	98	99	100

Instrucciones Diga: *Carlos mira la tabla. Sabe que 21 viene después de 20. Encierren en un círculo los números que vienen después de cada decena. ¿Cómo saben que tienen razón? ¿Qué patrones ven?*

Puedo...
ver patrones cuando cuento.

También puedo contar hacia adelante de 1 en 1 desde cualquier número hasta 100.

41	42	43	44	45	46	47	48	49	50
51	52	53	54	55	56	57	58	59	60
61	62	63	64	65	66	67	68	69	70
71	72	73	74	75	76	77	78	79	80
81	82	83	84	85	86	87	88	89	90
91	92	93	94	95	96	97	98	99	100

61	62	63	64	65	66	67	68	69	70
71	72	73	74	75	76	77	78	79	80
81	82	83	84	85	86	87	88	89	90
91	92	93	94	95	96	97	98	99	100

⭐ Práctica guiada

1

1	2	3	4	5	6	7	8	9	10
11	12	13	14	15	16	17	18	19	20
21	22	23	24	25	26	27	28	29	30

2

1	2	3	4	5	6	7	8	9	10
11	12	13	14	15	16	17	18	19	20
21	22	23	24	25	26	27	28	29	30

Instrucciones Pida a los estudiantes que: **1** cuenten de uno en uno desde 7 hasta 9. Luego, pídales que encierren en un círculo los números que contaron. Luego, **2** pídales que cuenten de diez en diez desde 10 hasta 30. Pídales que encierren en un círculo los números que contaron.

Copyright © Savvas Learning Company LLC. All Rights Reserved.
Tema 11 | Lección 5

Nombre _____

☆ Práctica ✧
independiente

61	62	63	64	65				69	70
71	72	73	74	75	76	77	78	79	80
81	82	83	84	85	86	87	88	89	90

66   76   86

67   68   69

66   67   68

			44	45	46	47	48	49	50
51	52	53	54	55	56	57	58	59	60
61	62	63	64	65	66	67	68	69	70

41   42   43

41   51   61

41   43   45

31	32	33	34	35	36	37	38	39	
41	42	43	44	45	46	47	48	49	
51	52	53	54	55	56	57	58	59	

40   50   60

40   41   42

38   39   40

11	12	13	14	15	16	17	18	19	20
21	22	23	24	25	26	27	28	29	
		33	34	35	36	37	38	39	40

20   30   40

28   29   30

30   31   32

Instrucciones ③ a ⑥ Pida a los estudiantes que cuenten hacia adelante y encierren en un círculo la fila que muestra el conjunto de números que falta.

Tema 11 | Lección 5   cuatrocientos cincuenta y uno **451**

1	2	3	4	5	6	7	8	9	10
11	12	13	14	15	16	17	18	19	20
21	22	23	24	25	26	27	28	29	30
31	32	33	34	35	36	37	38	39	40

Instrucciones Lea el problema en voz alta. Luego, pida a los estudiantes que usen diferentes métodos de resolución de problemas para resolverlo. Diga: *Comiencen en 7 y cuenten 18 más de la manera que prefieran. Con un crayón amarillo, creen un camino para mostrar cómo contaron y luego encierren en un círculo el número en el que terminaron.* 🎄 **Hacerlo con precisión** *¿Cuántas decenas hay en 18?* 🎄 **Usar la estructura** *¿Qué números dirían si solo contaran de uno en uno?* 🎄 **Generalizar** *Comiencen en 10 y cuenten 17 más. ¿En qué número terminaron? ¿Hay otra manera de contar para resolver el problema?*

1

O	U	N
$4 + 1$	$2 + 2$	$3 - 1$

2

S	O	D
$0 + 3$	$4 - 3$	$5 - 5$

___ ___ ___	___ ___ ___	___ ___ ___
$3 + 1$	$4 - 2$	$2 + 3$

___ ___ ___	___ ___ ___	___ ___ ___
$3 - 3$	$5 - 4$	$1 + 2$

Instrucciones **1** y **2** Pida a los estudiantes que trabajen en parejas. Pídales que señalen una pista de la primera fila y luego resuelvan la suma o la resta. Luego, pídales que miren las pistas en la segunda fila para hallar la suma o la resta que se corresponde con la pista y luego escriban la letra de la pista en el espacio. Pida a los estudiantes que emparejen todas las pistas.

Puedo...
sumar y restar hasta el 5 con fluidez.

También puedo construir argumentos matemáticos.

1	2	3	4	5	6	7	8	9	10
11	12	13	14	15	16	17	18	19	20
21	22	23	24	25	26	27	28	29	30
31	32	33	34	35	36	37	38	39	40
41	42	43	44	45	46	47	48	49	50
51	52	53	54	55	56	57	58	59	60
61	62	63	64	65	66	67	68	69	70
71	72	73	74	75	76	77	78	79	80
81	82	83	84	85	86	87	88	89	90
91	92	93	94	95	96	97	98	99	100

Instrucciones **Comprender el vocabulario** Pida a los estudiantes que: 🌟 encierren en un círculo la parte de los números de la columna anaranjada que es 3 **unidades**; ❷ encierren en un círculo la parte de los números de la columna azul que muestra el **patrón** de 8 unidades; ❸ coloreen de rojo las **decenas**.

454 cuatrocientos cincuenta y cuatro

Copyright © Savvas Learning Company LLC. All Rights Reserved.

Nombre _____

①	②	③	④	⑤	⑥	⑦	⑧	⑨	⑩
⑪	⑫	⑬	⑭	⑮	⑯	⑰	⑱	⑲	20
21	22	23	24	25	26	27	28	29	30

1	2	3	4	5	6	7	8	9	10
11	12	13	14	15	16	17	18	19	20
21	22	23	24	25	26	27	28	29	30

Grupo B

41	42	43	44	45	46	47	48	49	50
51	52	53	54	55	56	57	58	59	60
61	62	63	64	65	66	67	68	69	70
71	72	73	74	75	76	77	78	79	80
81	82	83	84	85	86	87	88	89	90
91	92	93	94	95	96	97	98	99	100

❷

70

80

90

Instrucciones Pida a los estudiantes que: ⭐ cuenten en voz alta los números de la primera fila. Luego, pídales que cuenten en voz alta los números de la segunda fila y encierren en un círculo el número de la primera fila y la parte del número de la segunda fila que se diga o se escriba igual; ❷ cuenten de diez en diez y luego encierren en un círculo el número que indica cuántos hay.

1	2	3	4	5	6	7	8	9	10
11	12	13	14	15	16	17	18	19	20
21	22	23	24	25	26	27	28	29	30
31	32	33	34	35	36	37	38	39	40
41	42	43	44	45	46	47	48	49	50

51	52	53	54	55	56	57	58	59	60
61	62	63	64	65	66	67	68	69	70
71	72	73	74	75	76	77	78	79	80
81	82	83	84	85	86	87	88	89	90
91	92	93	94	95	96	97	98	99	100

1	2	3	4	5	6	7	8	9	10
11	12	13	14	15	16	17	18	19	20
21	22	23	24	25	26	27	28	29	30
		34	35	36	37	38	39	40	
41	42	43	44	45	46	47	48	49	50

31   32   33

51	52	53	54	55	56	57	58	59	60
61	62	63	64	65	66	67	68	69	70
71	72	73	74	75		77	78	79	80
81	82	83	84	85		87	88	89	90
91	92	93	94	95		97	98	99	100

75   76   77

76   86   90

76   86   96

Instrucciones Pida a los estudiantes que: ❸ coloreen las casillas de los números a medida que cuentan en voz alta de uno en uno desde la casilla amarilla hasta la casilla roja; ❹ cuenten hacia adelante y luego encierren en un círculo la fila que muestra el conjunto de números que falta.

 Copyright © Savvas Learning Company LLC. All Rights Reserved.

Nombre _____

 1

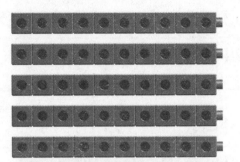

Ⓐ 60

Ⓑ 70

Ⓒ 80

Ⓓ 90

 2

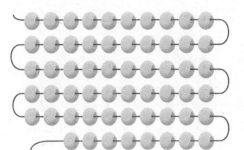

Ⓐ 56

Ⓑ 57

Ⓒ 58

Ⓓ 59

 3

61	62	63	64	65	66	67	68	69	70
71	72	73	74	75	76	77	78	79	
81	82	83	84	85	86	87	88	89	
91	92	93	94	95	96	97	98	99	

Ⓐ 80 90 100

Ⓑ 80 80 99

Ⓒ 81 91 100

Ⓓ 85 95 100

Instrucciones Pida a los estudiantes que marquen la mejor respuesta. 1 ¿Qué número indica cuántos cubos hay? 2 Cuenten las cuentas de uno en uno. ¿Qué número indica cuántas hay? 3 ¿Qué conjunto de números muestra el conjunto de números que faltan en la tabla numérica?

4

1	2	3	4	5	6	7	8	9	10
11	12	13	14	15	16	17	18	19	20
21	22	**23**	**24**	**25**	**26**	27	28	29	30

(A) **22** (B) **20** (C) **17** (D) **29**

 5

51	52	53	54	55	56	57	58	59	60
61	62	63	64	65	66	67	68	69	70
71	72	73	74	75	76	77	78	79	80
81	82	83	84	85	86	87	88	89	90
91	92	93	94	95	96	97	98	99	100

 6

1	2	3	4	5	6	7	8	9	10
11	12	13	14	15	16	17	18	19	20
21	22	23	24	25	26	27	28	29	30
31	32	33	34	35	36	37	38	39	40
41	42	43	44	45	46	47	48	49	50
51	52	53	54	55	56	57	58	59	60
61	62	63	64	65	66	67	68	69	70
71	72	73	74	75	76	**77**	78	79	80
81	82	83	84	85	86	87	88	89	90
91	92	93	**94**	95	96	97	98	99	100

 7

11	12	13	14	15		17	18	19	
21		23	24	25	26	27	28	29	
31	32		34	35	36	37	38		
	42	43	44	45	46			49	50
51	52	53	54			57	58	59	60

21	22	28	30
33	35	39	40
41	46	47	48
51	55	56	60

Instrucciones Pida a los estudiantes que: ❹ miren los números coloreados de amarillo y escojan el número que se cuenta justo antes del primer número amarillo; ✋ miren la fila que comienza con 61. Pídales que cuenten en voz alta y encierren en un círculo la parte del número que suene igual para mostrar el patrón, y luego encierren en un círculo la columna que tiene las decenas; ❻ coloreen las casillas de números a medida que cuentan de uno en uno empezando en la casilla amarilla y terminando en la casilla roja, y luego expliquen los patrones que vean o escuchen; ❼ cuenten de uno en uno para escribir los números que faltan en la primera fila y encierren en un círculo los números que faltan en las filas que quedan.

  Copyright © Savvas Learning Company LLC. All Rights Reserved. **Tema 11** | Práctica para la evaluación

Nombre _____

1	2	3	4	5	6	7	8	9	10
11	12	13	14	15	16	17	18	●	20
21	22	23	24	25	26	27	28	29	30
31	32	33	34	35	36	37	38	39	40
41	42	43	44	45	46	47	48	49	50

9   19   20

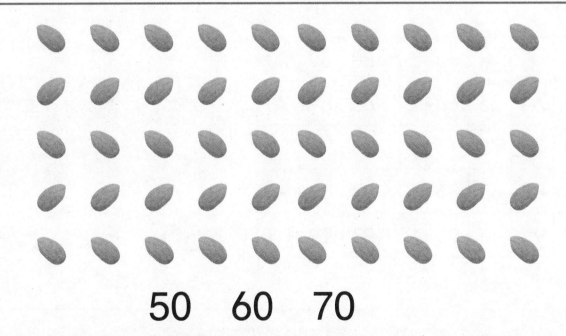

50   60   70

Instrucciones   Meriendas en la escuela Diga: *¡Es la hora de la merienda para la clase de kínder!* Diga: *Keisha pone una uva en la tabla de 100 para mostrar cuántas uvas tiene en su bolsa de merienda.* Pida a los estudiantes que miren los números que vienen justo antes y después de la uva y luego miren los números que están encima y debajo de la uva. Pídales que encierren en un círculo el número que falta y que indica cuántas uvas tiene Keisha. Pida a los estudiantes que cuenten las almendras que Liam y sus amigos comparten en la merienda. Pídales que encierren en un círculo el número que indica cuántas hay. Si es necesario, los estudiantes pueden usar la tabla de 100 como ayuda.

3

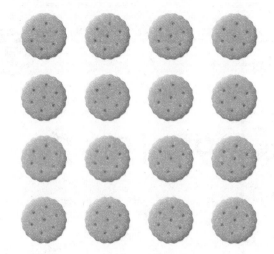

1	2	3	4	5	6	7	8	9	10
11	12	13	14	15	16	17	18	19	20
21	22	23	24	25	26	27	28	29	30

4

5

51	52	🍒	🍒	🍒	56	57	58	59	60
61	62	63	[64]	65	66	67	68	69	70
71	72	73	74	75	76	77	78	79	80
81	82	83	84	85	86	87	88	89	90
91	92	93	94	95	96	97	98	99	100

50   60   70

53   54   55

50   51   52

Instrucciones **3** Diga: *Luis trae galletas saladas para la merienda de su mesa de 10 amigos. Miren las galletas que trae.* Pida a los estudiantes que coloreen ese número en la tabla numérica. Diga: *¿Cuántas galletas quedan si cada estudiante come 1 galleta? Coloreen ese número en la tabla. ¿Cómo saben que tienen razón?* **4** Diga: *Zoé cuenta las cerezas que les da a sus amigos. Ella coloca cerezas en la tabla numérica en los últimos tres números que cuenta.* Pida a los estudiantes que busquen las cerezas en la tabla. Luego, pídales que miren los números a la derecha de la tabla y encierren en un círculo el conjunto de números que faltan para mostrar cómo contó Zoé las cerezas. **5** Diga: *Tomás tiene 64 pasas en una bolsa. Tiene 18 pasas en otra bolsa. Ayuden a Tomás a contar sus pasas.* Pida a los estudiantes que empiecen en 64 en la tabla numérica y creen un camino para mostrar cómo contar 18 más de la manera que prefieran. Luego, pídales que encierren en un círculo el número en el que terminaron y expliquen cómo contaron hacia adelante.

Copyright © Savvas Learning Company LLC. All Rights Reserved.

TEMA 12

Identificar y describir figuras

Pregunta esencial: ¿Cómo se pueden identificar y describir las figuras bidimensionales y tridimensionales?

¡Las ruedas ayudan a empujar y jalar objetos!

Ruedas

Proyecto de enVision® STEM: Empujar y jalar objetos

Instrucciones Lea el diálogo a los estudiantes. **¡Investigar!** Pida a los estudiantes que investiguen diferentes tipos de ruedas. Diga: *No todas las ruedas se parecen, pero todas tienen la misma forma. Hablen con sus amigos y familiares sobre la forma de una rueda y pregúntenles cómo sirven para empujar o jalar objetos.*
Diario: Hacer un cartel Pida a los estudiantes que hagan un cartel que muestre varios objetos con ruedas. Pídales que dibujen hasta 5 tipos diferentes de objetos con ruedas.

Nombre _____

⭐Repasa lo que sabes⭐

1

10 20 30 40 50

10 12 15 21 30

2

1	2	3	4	5	6	7	8	9	10
11	12	13	14	15	16	17	18	19	20
21	22	23	24	25	26	27	28	29	30
31	32	33	34	35	36	37	38	39	40
41	42	43	44	45	46	47	48	49	50
51	52	53	54	55	56	57	58	59	60
61	62	63	64	65	66	67	68	69	70
71	72	73	74	75	76	77	78	79	80
81	82	83	84	85	86	87	88	89	90
91	92	93	94	95	96	97	98	99	100

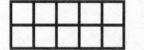 

3

51	52	53	54	55	56	57	58	59	60
61	62	63	64	65	66	67	68	69	70
71	72	73	74	75	76	77	78	79	80
81	82	83	84	85	86	87	88	89	90
91	92	93	94	95	96	97	98	99	100

4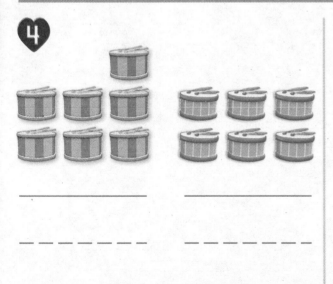

_____ _____

5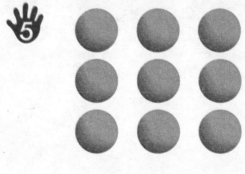

_____

6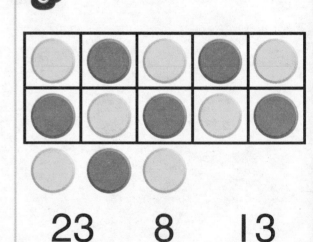

23   8   13

Instrucciones Pida a los estudiantes que: **1** encierren en un círculo el conjunto de números que muestra un patrón de conteo de 10 en 10; **2** encierren en un círculo la tabla de 100; **3** encierren en un círculo los números *cincuenta y cinco* y *noventa y nueve*; **4** cuenten los objetos, escriban los números y luego encierren en un círculo el número que es mayor que el otro número; **5** cuenten los objetos y luego escriban el número; **6** encierren en un círculo el número que indica cuántas fichas hay.

462 cuatrocientos sesenta y dos

Copyright © Savvas Learning Company LLC. All Rights Reserved.

Tema 12

Nombre _____

A

B

Instrucciones   Diga: *Escogerán uno de los siguientes proyectos. Miren la imagen* **A**. *Piensen en esta pregunta: ¿De dónde vienen todos esos huesos? Si escogen el Proyecto A, crearán rompecabezas de dinosaurios. Miren la imagen* **B**. *Piensen en esta pregunta: ¿Preferirían diseñar edificios o construirlos? Si escogen el Proyecto B, diseñarán y construirán una estructura.*

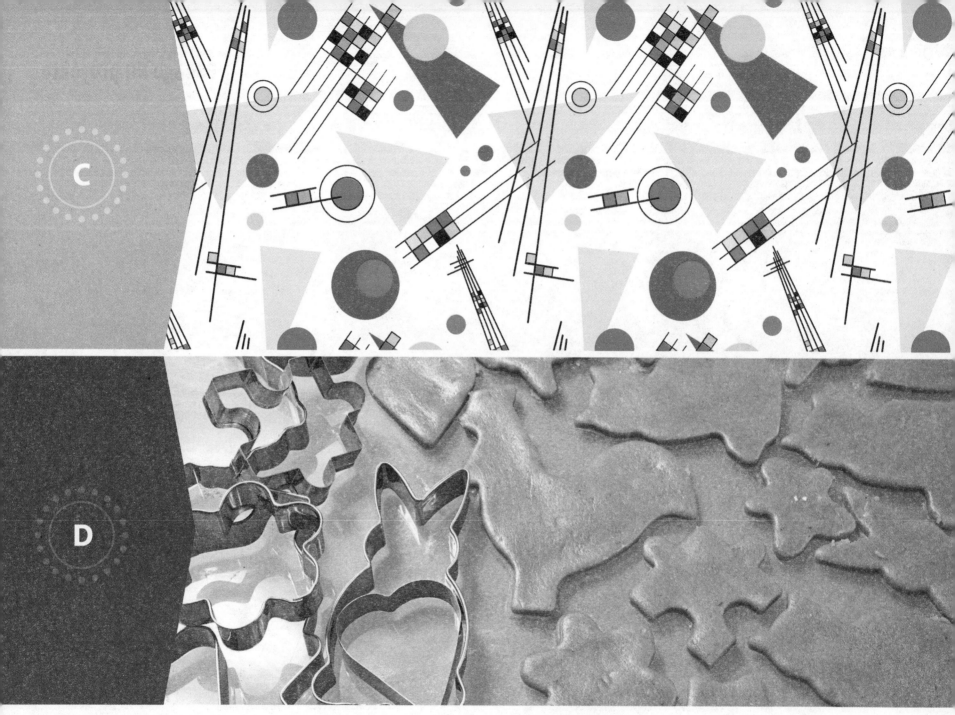

Instrucciones Diga: *Escogerán uno de los siguientes proyectos. Miren la imagen **C**. Piensen en esta pregunta: ¿Qué pueden dibujar usando solamente triángulos? Si escogen el Proyecto C, harán una pintura de figuras. Miren la imagen **D**. Piensen en esta pregunta: ¿Cómo se hacen todas esas galletas? Si escogen el Proyecto D, representarán una fiesta.*

   Copyright © Savvas Learning Company LLC. All Rights Reserved.   **Tema I2** | Escoge un proyecto

Instrucciones Diga: *Escojan 6 figuras de una bolsa. Pongan las figuras en dos grupos. Digan en qué se diferencian los grupos. Luego, dibujen las figuras que pusieron en cada mesa.*

Puedo... determinar si las figuras son planas o sólidos.

También puedo construir argumentos matemáticos.

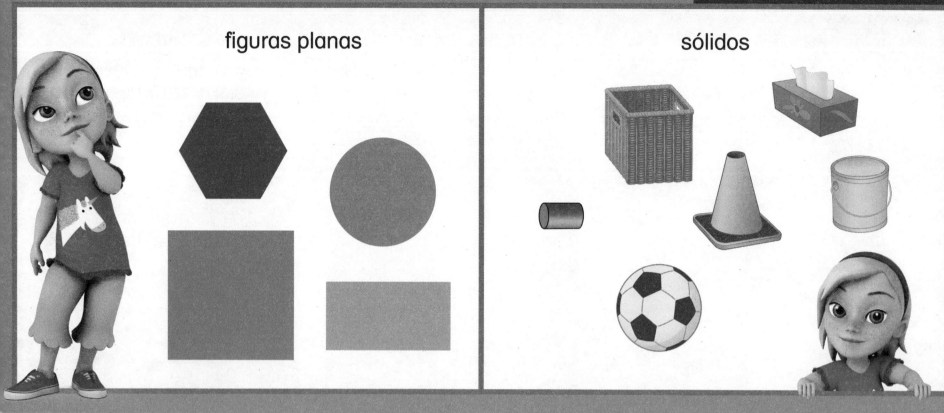

figuras planas

sólidos

Práctica guiada

1

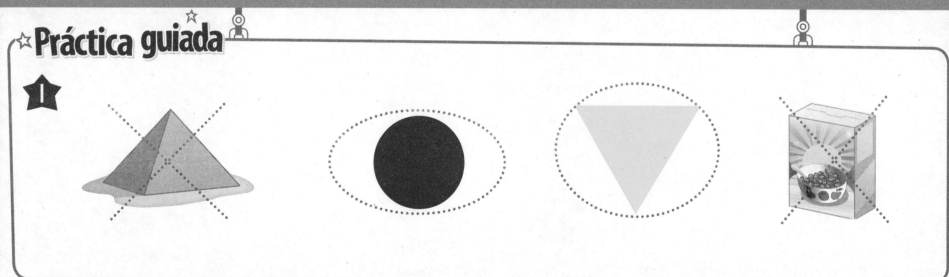

Instrucciones Pida a los estudiantes que encierren en un círculo los objetos que son planos y marquen con una X los que son sólidos.

Copyright © Savvas Learning Company LLC. All Rights Reserved.

Nombre _____

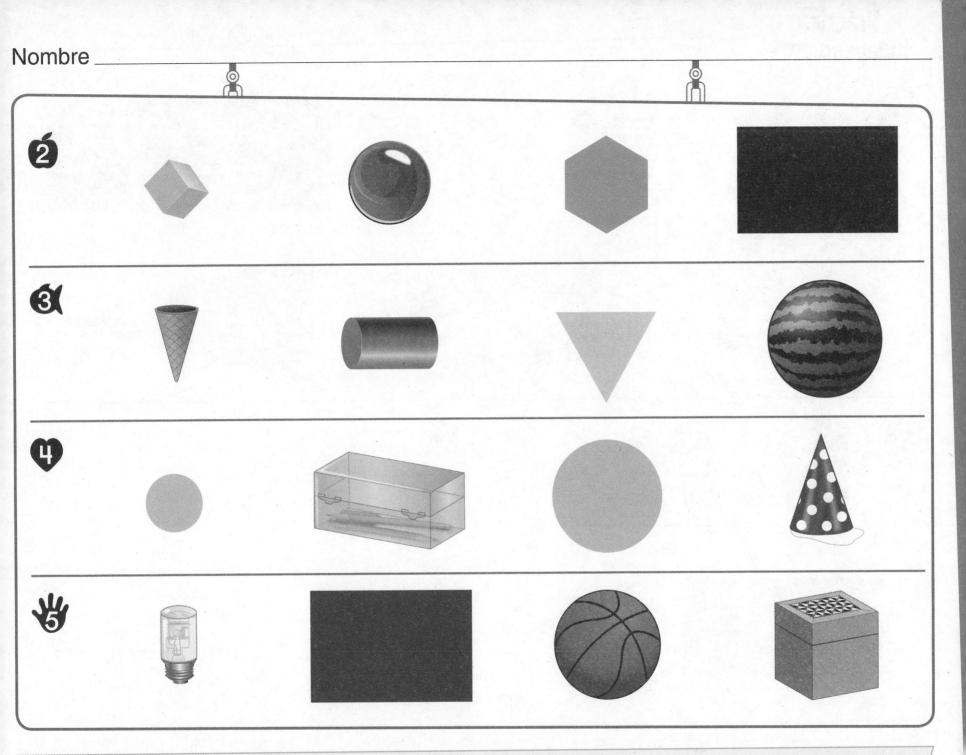

Instrucciones Pida a los estudiantes que: ❷ y ❸ encierren en un círculo los objetos planos de cada fila y luego marquen con una X los objetos sólidos; ❹ marquen con una X los objetos que NO son planos; ❺ marquen con una X los objetos que NO son sólidos.

Tema 12 | Lección 1

cuatrocientos sesenta y siete **467**

☆ Práctica ☆ independiente

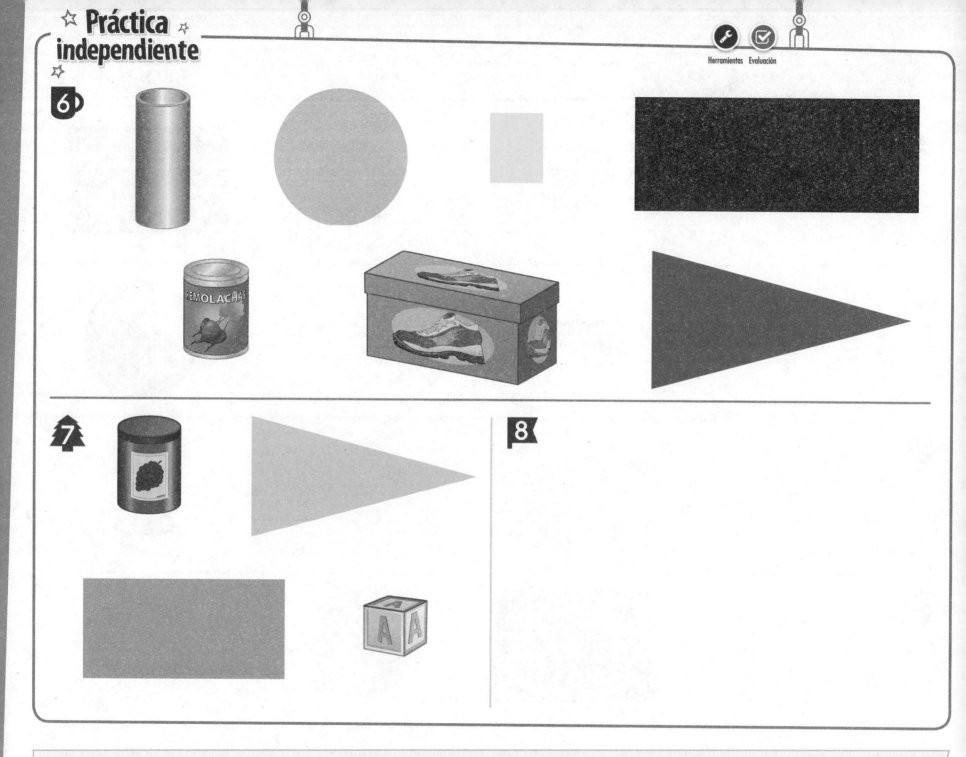

6

7

8

Instrucciones Pida a los estudiantes que: **6** marquen con una X los objetos sólidos. Luego, pídales que encierren en un círculo los objetos planos; **7** marquen con una X los objetos que NO son sólidos. **8 Razonamiento de orden superior** Pida a los estudiantes que dibujen un objeto sólido.

468 cuatrocientos sesenta y ocho   Copyright © Savvas Learning Company LLC. All Rights Reserved.   **Tema 12** | Lección 1

Nombre _____

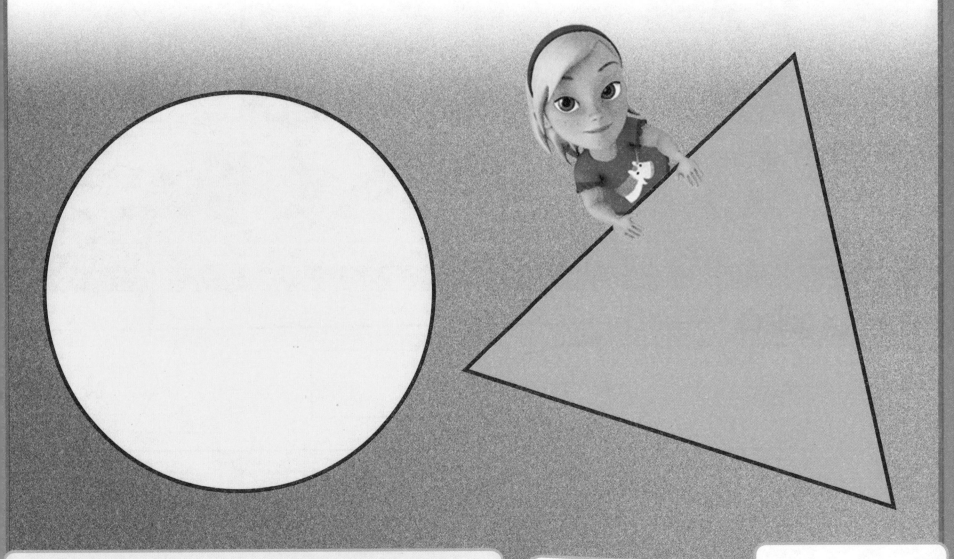

Puedo...
identificar y describir círculos y triángulos.

También puedo buscar patrones.

Puente de aprendizaje visual

Práctica guiada

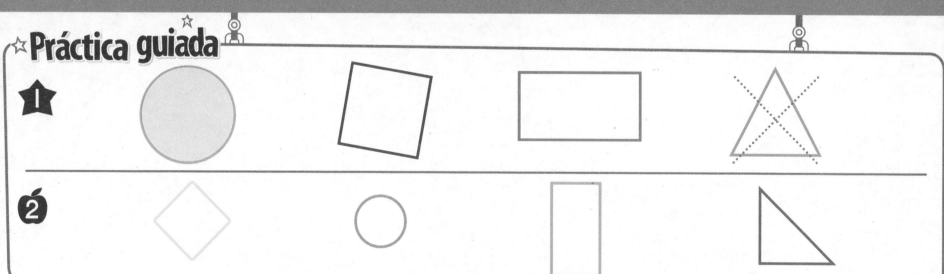

1

2

Instrucciones 1 y 2 Pida a los estudiantes que coloreen el círculo en cada fila y luego marquen con una X cada triángulo.

Copyright © Savvas Learning Company LLC. All Rights Reserved.

Tema 12 | Lección 2

Nombre _____

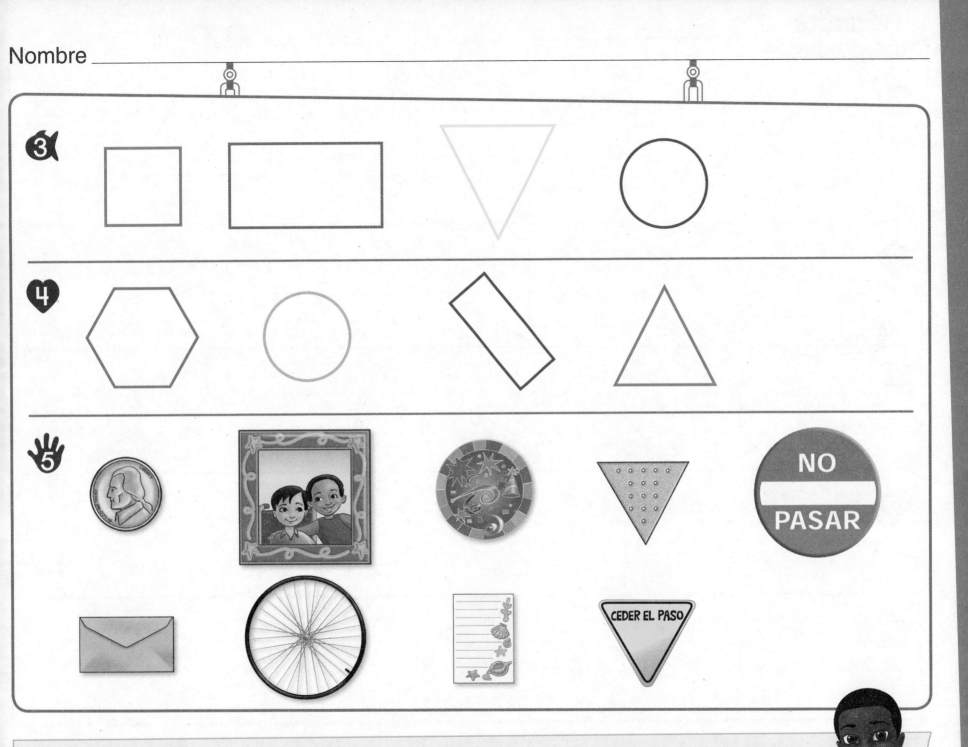

☆ Práctica independiente

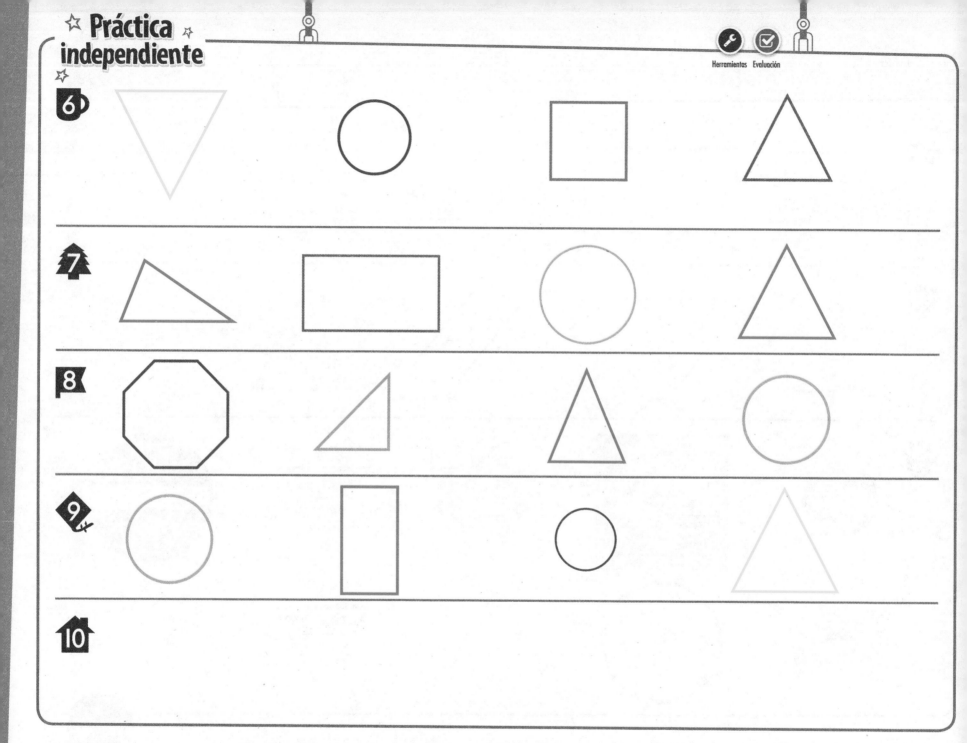

Instrucciones 6 a 9 Pida a los estudiantes que coloreen los círculos y marquen con una X los triángulos en cada fila. 10 **Razonamiento de orden superior** Pida a los estudiantes que dibujen un objeto que tenga forma de triángulo.

 Copyright © Savvas Learning Company LLC. All Rights Reserved. **Tema 12** | Lección 2

Resuélvelo y coméntalo

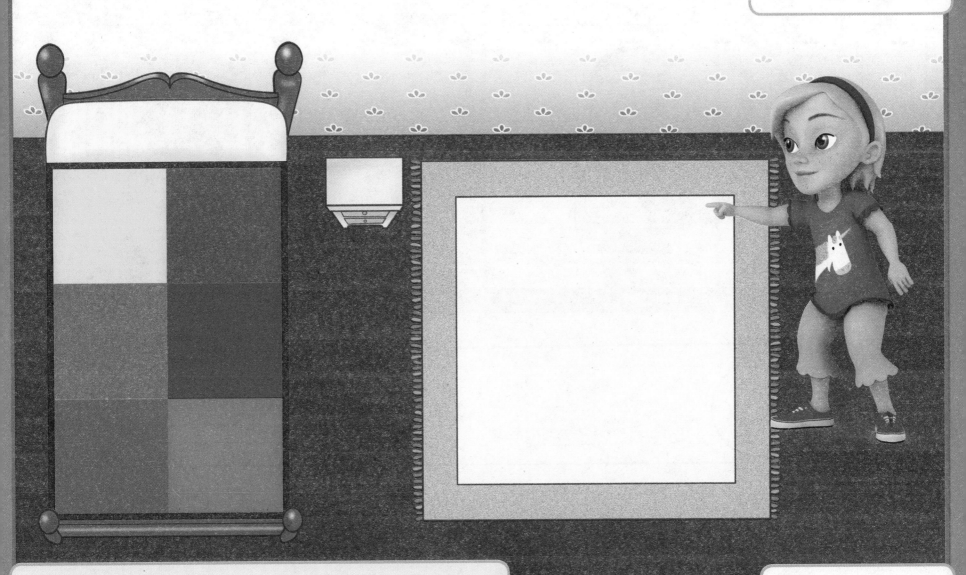

Instrucciones Diga: *Emily tiene una colcha de retazos grande en la cama. La figura delineada con líneas negras es un rectángulo. La colcha rectangular está formada por rectángulos cuadrados de diferentes colores. ¿Cuántos rectángulos más pueden encontrar en la ilustración? ¿Cuántos de esos rectángulos son cuadrados? Cuenten las figuras y digan dónde las ven.*

Puedo...
identificar y describir cuadrados y otros rectángulos.

También puedo buscar patrones.

Copyright © Savvas Learning Company LLC. All Rights Reserved.

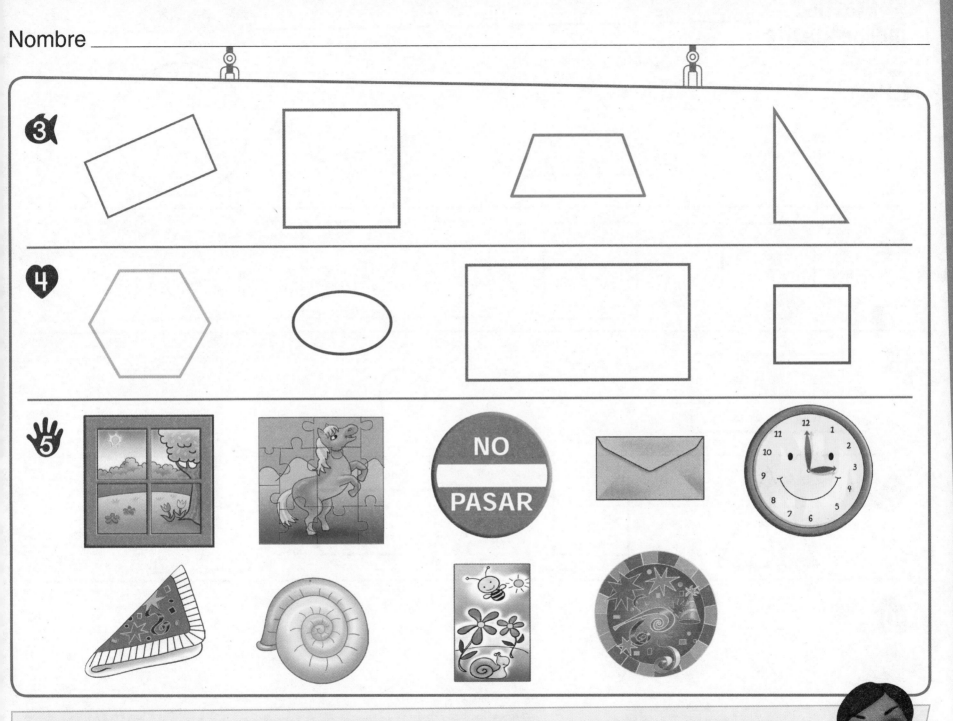

3

4

5

Instrucciones Pida a los estudiantes que: **3** y **4** coloreen los rectángulos en cada fila y luego marquen con una X cada rectángulo que sea también un cuadrado; **5** encierren en un círculo los objetos que tengan forma de rectángulo y luego marquen con una X cada objeto que también tenga forma de cuadrado. Pida a los estudiantes que digan cómo saben qué objetos marcar con una X. Diga: *¿En qué se parecen los rectángulos y los cuadrados? ¿En qué se diferencian?*

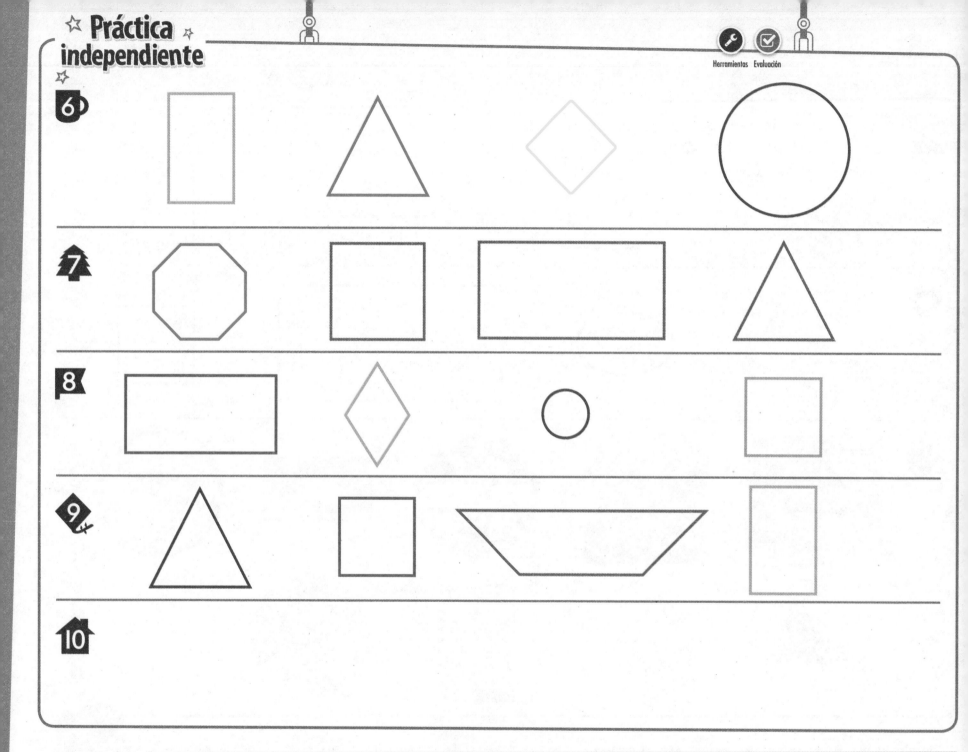

☆ **Práctica**
independiente
☆

Herramientas Evaluación

6

7

8

9

10

Instrucciones **6** a **9** Pida a los estudiantes que coloreen los rectángulos en cada fila y luego marquen con una X cada rectángulo que también sea un cuadrado. **10 Razonamiento de orden superior** Pida a los estudiantes que dibujen un rectángulo verde y luego dibujen un cuadrado amarillo.

476 cuatrocientos setenta y seis

Copyright © Savvas Learning Company LLC. All Rights Reserved.

Tema 12 | Lección 3

Nombre _____

Instrucciones Diga: *Emily quiere comprar obras de arte que tengan figuras de seis lados como el bloque de patrón amarillo. Encierren en un círculo todas las obras de arte que puede comprar.*

Puedo...
describir e identificar hexágonos.

También puedo buscar patrones.

Aprendizaje visual A-Z Glosario

☆ Práctica guiada

1

2

Instrucciones **1** y **2** Pida a los estudiantes que coloreen el hexágono en cada fila.

Copyright © Savvas Learning Company LLC. All Rights Reserved.

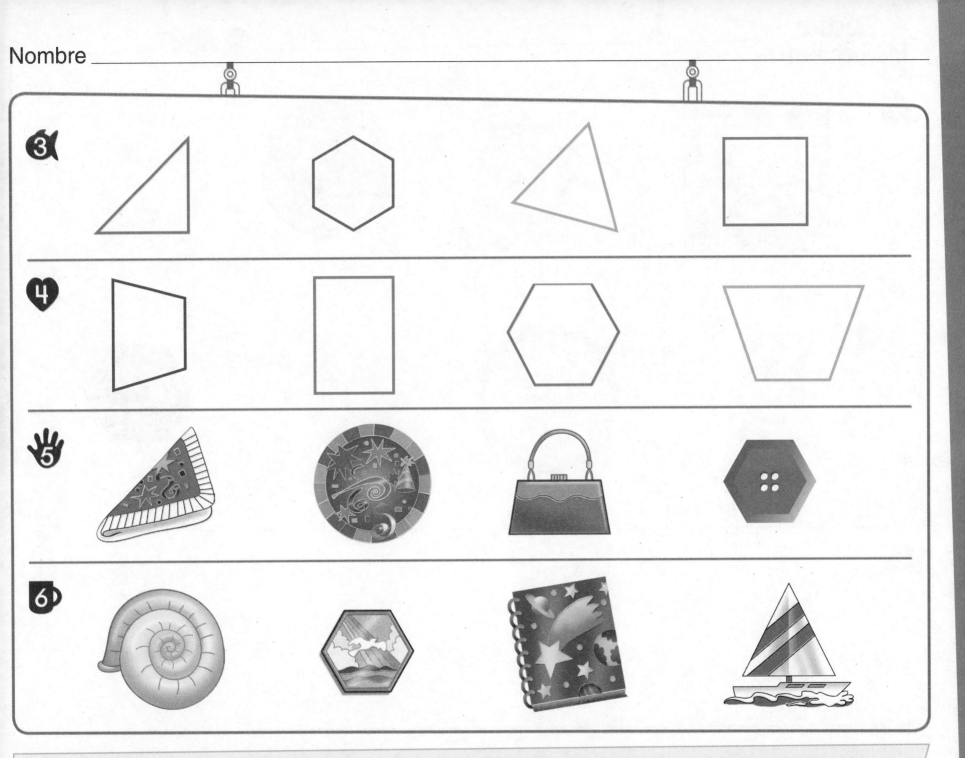

Instrucciones Pida a los estudiantes que: ❸ y ❹ coloreen el hexágono; ✋5 y ❻ encierren en un círculo el objeto que tiene forma de hexágono. Luego, pídales que digan cómo decidieron qué objeto encerrar con un círculo.

Tema 12 | Lección 4   cuatrocientos setenta y nueve **479**

8

Instrucciones ✿ Pida a los estudiantes que encierren en un círculo los objetos con forma de hexágono. **8 Razonamiento de orden superior** Pida a los estudiantes que hagan un dibujo usando por lo menos 1 hexágono.

Copyright © Savvas Learning Company LLC. All Rights Reserved.

Resuélvelo y coméntalo

Nombre _____

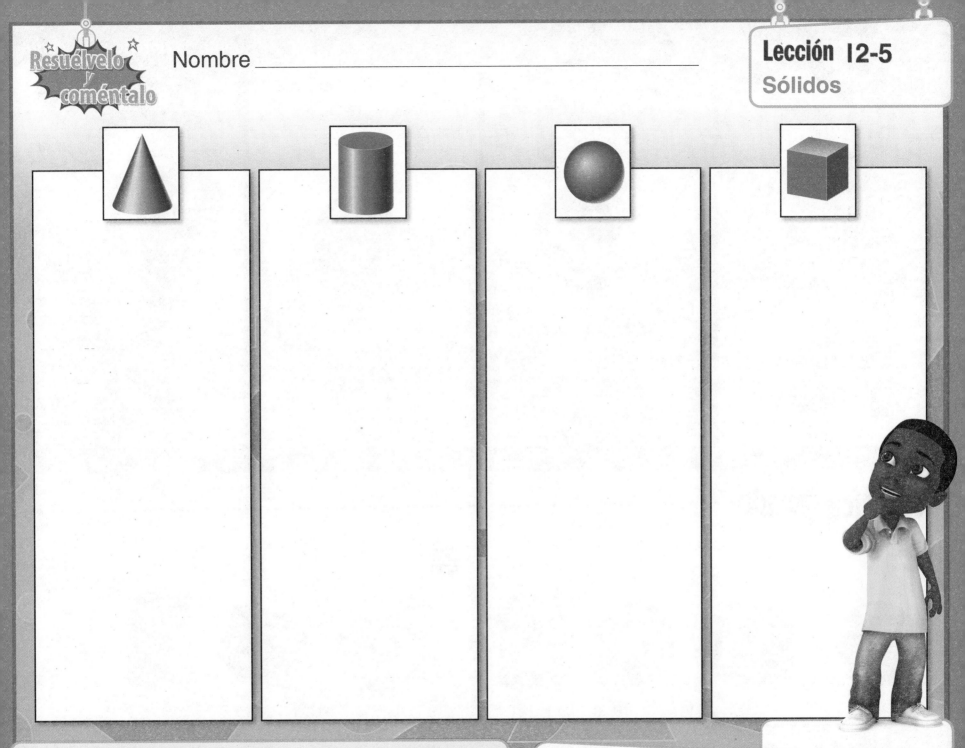

Instrucciones Diga: *Jackson quiere hallar objetos que tengan la misma forma que los sólidos. ¿Cómo puede hallar objetos que tengan la misma forma? Dibujen debajo de cada sólido objetos que tengan la misma forma.*

Puedo...
describir e identificar sólidos.

También puedo razonar sobre las matemáticas.

En línea | SavvasRealize.com

☆ Práctica guiada

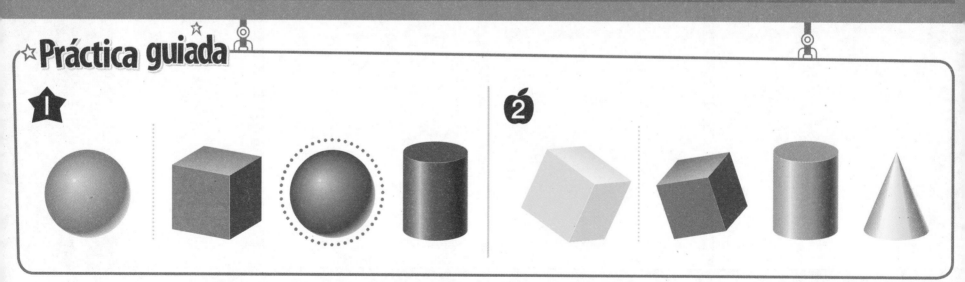

Instrucciones ⭐ y 🍎 Pida a los estudiantes que nombren el sólido de la izquierda y luego encierren en un círculo el sólido de la derecha que tenga la misma forma.

Copyright © Savvas Learning Company LLC. All Rights Reserved.

Tema 12 | Lección 5

Nombre _____

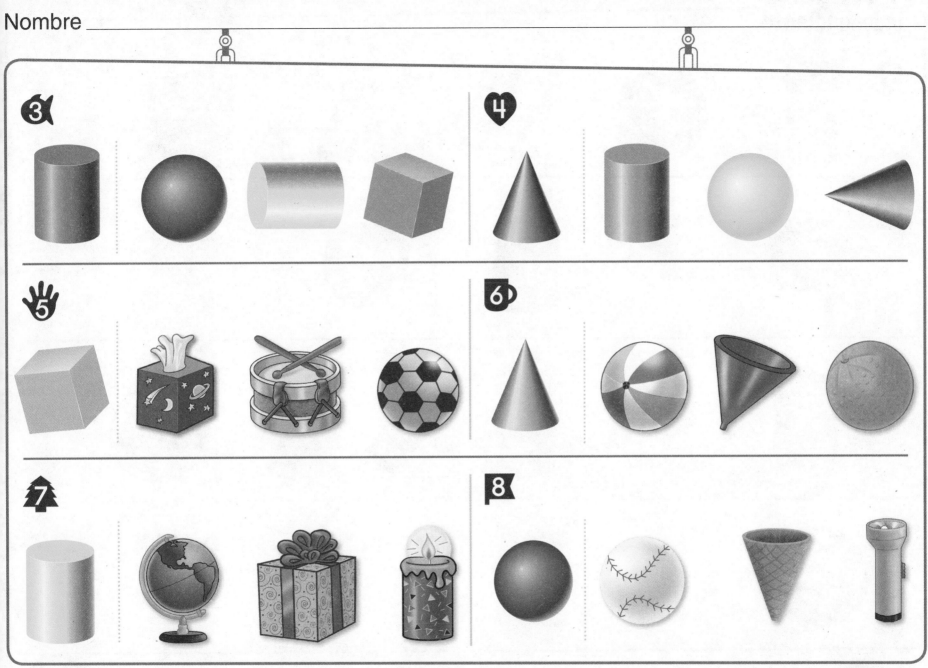

3

4

5

6

7

8

Instrucciones **3** y **4** Pida a los estudiantes que nombren el sólido de la izquierda y luego encierren en un círculo el sólido de la derecha que tenga la misma forma. **5** a **8** Pida a los estudiantes que nombren el sólido de la izquierda y luego encierren en un círculo el objeto de la derecha que tenga la misma forma. Luego, pídales que vean si pueden hallar objetos con forma de cono, cilindro y esfera en la clase.

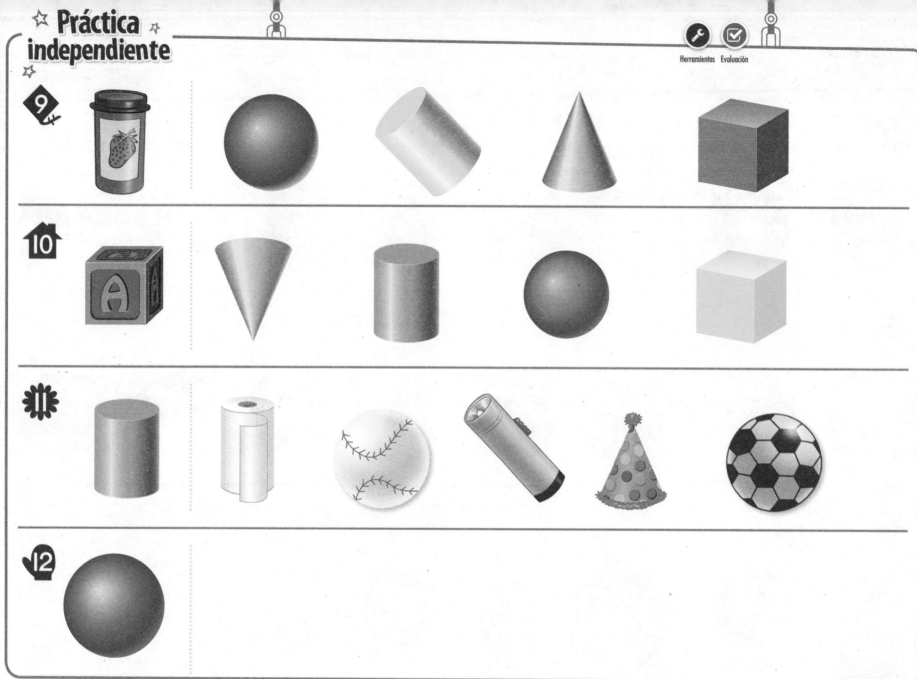

9

10

11

12

Instrucciones   Pida a los estudiantes que: **9** y **10** observen el objeto de la izquierda y luego encierren en un círculo el sólido de la derecha que tenga la misma forma; **11** nombren el sólido de la izquierda y luego encierren en un círculo los objetos de la derecha que tengan la misma forma. **12 Razonamiento de orden superior** Pida a los estudiantes que nombren el sólido de la izquierda y luego dibujen otros 2 objetos que tengan la misma forma.

Copyright © Savvas Learning Company LLC. All Rights Reserved.

Nombre _____

Instrucciones Diga: *Encierren en un círculo dos figuras del tablero. Nombren las figuras. ¿Pueden hallar esa figuras en la clase? Usen sus propias palabras para decir dónde las hallaron. Dibujen los objetos y sus entornos.*

Puedo...
describir figuras en el entorno.

También puedo entender problemas.

☆ Práctica guiada

Instrucciones ⭐ Pida a los estudiantes que marquen con una X el objeto que está al lado del lápiz y tiene forma de rectángulo. Pídales que dibujen un objeto que tenga forma de cuadrado delante de la taza. Luego, pídales que dibujen un objeto que tenga forma de cono al lado de la mesa.

Copyright © Savvas Learning Company LLC. All Rights Reserved.

Instrucciones ❷ **Vocabulario** Pida a los estudiantes que nombren la forma de los objetos del dibujo y que usen palabras de posición para describir su ubicación. Luego, pídales que marquen con una X el objeto que está delante del castillo de arena y tiene forma de **cilindro**. Pida a los estudiantes que dibujen un objeto que tenga forma de **esfera** al lado de Jackson y luego un objeto que tenga forma de **rectángulo** junto al arenero.

Práctica independiente

Herramientas Evaluación

Instrucciones ❸ Pida a los estudiantes que señalen objetos en el dibujo y nombren cada figura. Luego, pídales que encierren en un círculo los objetos que tengan forma de cilindro y marquen con una X los objetos que tengan forma de cono. ❹ **Razonamiento de orden superior** Pida a los estudiantes que marquen con una X el objeto que está debajo del árbol y tiene forma de rectángulo. Pídales que dibujen un objeto que tenga forma de círculo arriba del árbol y luego un objeto que tenga forma de triángulo detrás de la cerca. Luego, pídales que nombren las formas de los objetos en el dibujo y usen palabras de posición para describir su ubicación.

Copyright © Savvas Learning Company LLC. All Rights Reserved.

Nombre _____

Piensa.

Instrucciones Diga: *La maestra de Emily le enseña un juego a la clase. Ella usa 1 cubo azul, 1 cubo rojo, 1 ficha amarilla y 1 ficha roja, y los coloca en el dibujo de la granja. Jueguen este juego con un compañero. Coloquen las herramientas en la página y luego describan dónde se ubica una de ellas. NO le digan a su compañero de qué herramienta están hablando. ¿Cómo puede el compañero adivinar de qué herramienta están hablando? Cambien de rol y vuelvan a jugar.*

Puedo…
describir la posición de figuras en el entorno.

También puedo nombrar figuras correctamente.

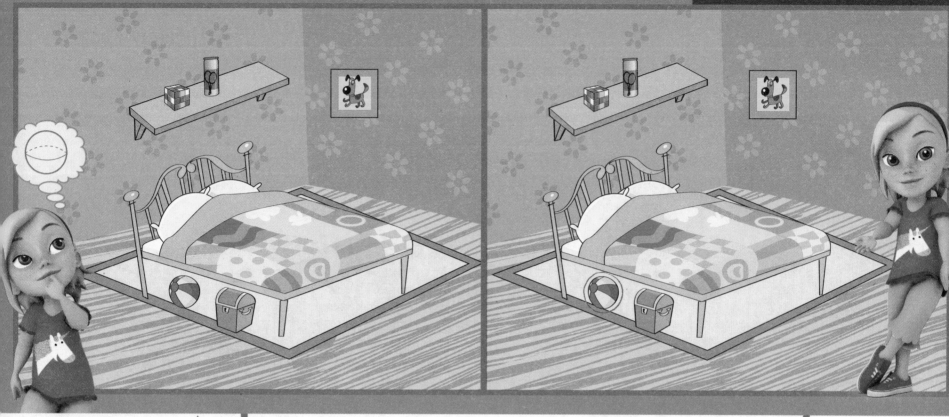

☆ Práctica guiada

1

Instrucciones ⭐ Pida a los estudiantes que marquen con una X el objeto que está arriba de la cama y tiene forma de cubo. Luego, pídales que expliquen cómo saben que tienen razón. Pídales que dibujen una figura que tenga forma de rectángulo junto a la cama.

Copyright © Savvas Learning Company LLC. All Rights Reserved.

☆ Práctica ☆ independiente

2

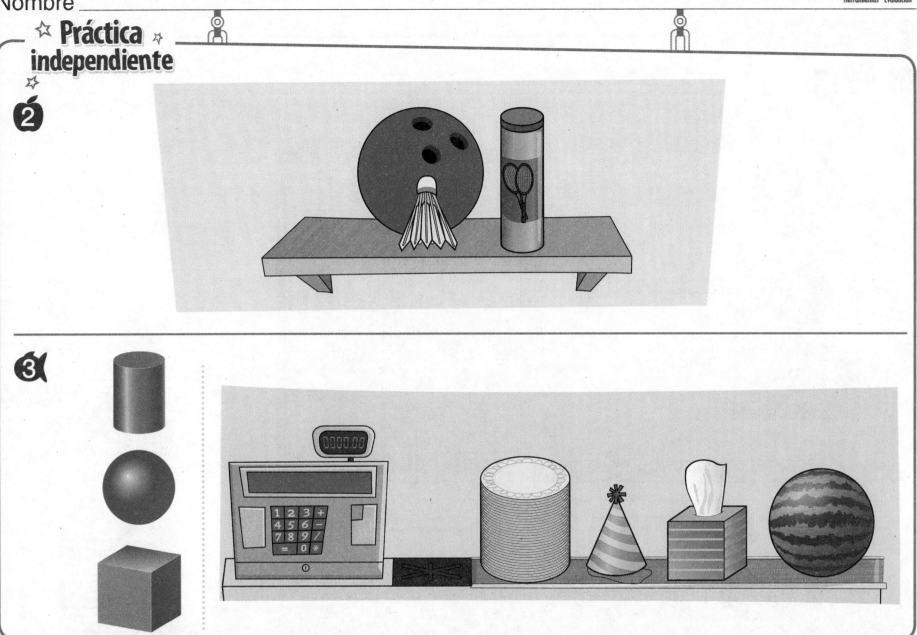

3

Instrucciones 🍎 Pida a los estudiantes que nombren las formas de los objetos del dibujo. Luego, pídales que marquen con una X el objeto que está detrás de otro y junto al objeto que tiene forma de cilindro. Pídales que expliquen cómo decidieron qué figura marcar. 🐟 Pida a los estudiantes que hallen el objeto que NO está junto a la caja de pañuelos y marquen con una X el sólido de la izquierda al cual se parece. Pídales que expliquen por qué una esfera NO es la respuesta correcta. Pídales que nombren la forma de los objetos del dibujo.

Resolución de problemas

Instrucciones Lea el problema a los estudiantes. Luego, pídales que usen diferentes prácticas matemáticas para resolverlo. Diga: *Carlos quiere contarle a un amigo sobre las cosas que hay en el vestidor y dónde están ubicadas. ¿Qué palabras puede usar?* ❹ **Hacerlo con precisión** *Marquen con una X el objeto que tiene forma de cilindro que está junto al objeto que tiene forma de cubo. ¿Qué palabras los ayudaron a hallar el objeto correcto?* ✋ **Razonar** *Carlos dice que la pelota de fútbol está detrás de la botella de agua. ¿Cuál es otra manera de explicar dónde está la botella de agua?* ❻ **Explicar** *Carlos dice que el rectángulo que es un cartel está arriba del círculo que es un reloj. ¿Están de acuerdo? Expliquen cómo saben que tienen razón.*

Copyright © Savvas Learning Company LLC. All Rights Reserved.

⭐①

5 − 2	3 − 1	1 − 1	2 + 0	5 − 4
5 − 0	0 + 2	3 + 1	2 − 0	1 + 2
1 + 4	2 + 0	4 − 2	5 − 3	4 − 0
0 + 1	1 + 1	4 − 3	3 − 1	4 − 1
3 + 2	4 − 2	0 + 3	1 + 1	4 − 4

②

_____

_ _ _ _ _

_____

Puedo... sumar y restar con fluidez hasta el 5.

También puedo hacer mi trabajo con precisión.

Instrucciones Pida a los estudiantes que: ⭐ coloreen los recuadros que tengan una suma o diferencia que sea igual a 2; ② escriban la letra que ven.

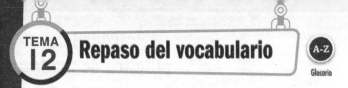

Repaso del vocabulario

A-Z Glosario

1

2

3

4

5

Instrucciones **Comprender el vocabulario** Pida a los estudiantes que: **1** encierren en un círculo la figura **bidimensional**; **2** encierren en un círculo la figura **tridimensional**; **3** encierren en un círculo los **vértices** del triángulo; **4** dibujen un **círculo**; **5** dibujen una figura que NO sea un **cuadrado**.

Copyright © Savvas Learning Company LLC. All Rights Reserved.
Tema 12 | Repaso del vocabulario

Nombre _____

Grupo A _____

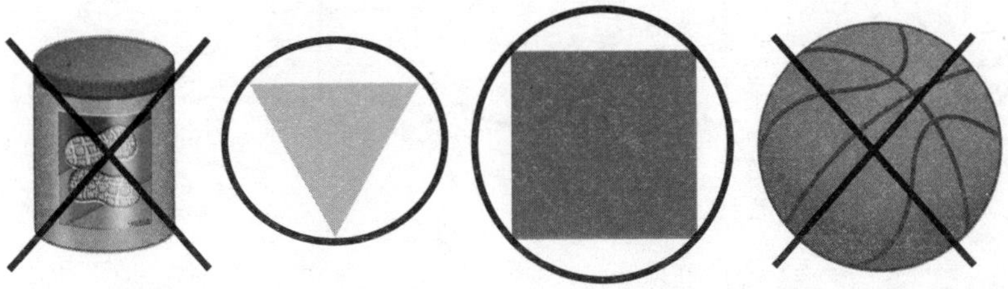

⭐ 1

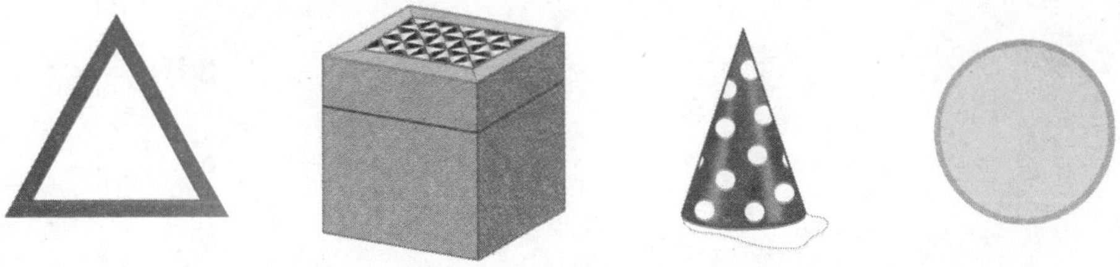

Grupo B _____

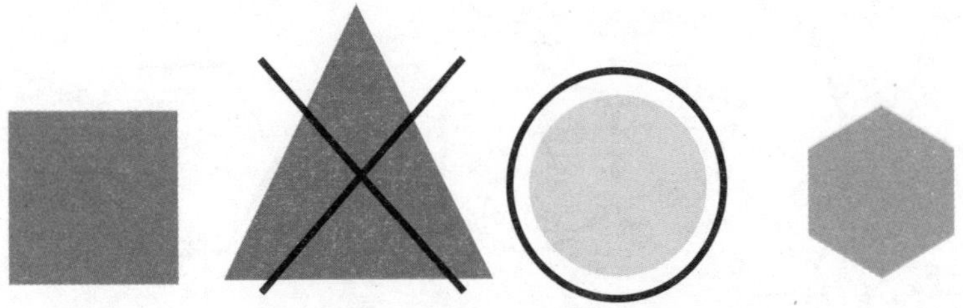

🍎 2

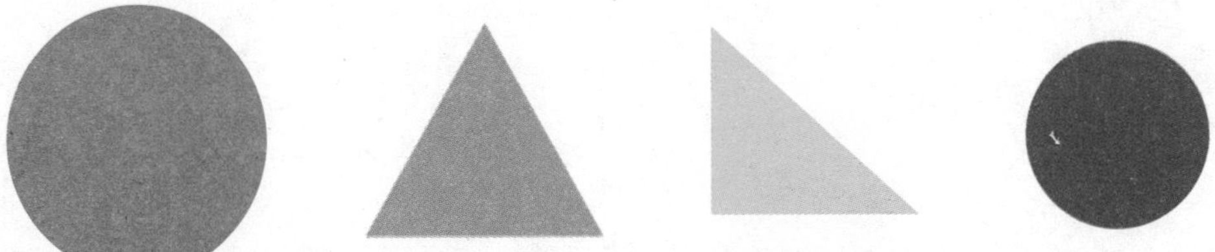

Instrucciones Pida a los estudiantes que: ⭐ encierren en un círculo los objetos que son planos y marquen con una X los objetos sólidos;
🍎 encierren en un círculo los objetos que tienen forma de círculo y marquen con una X los objetos que tienen forma de triángulo.

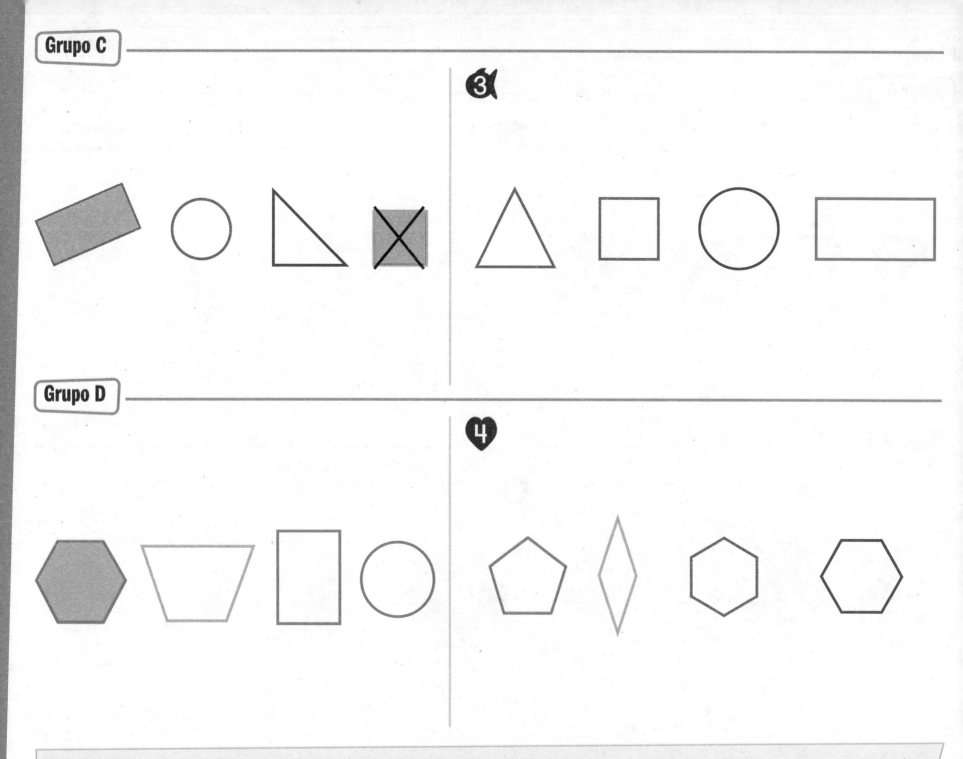

496 cuatrocientos noventa y seis

Copyright © Savvas Learning Company LLC. All Rights Reserved.

Tema 12 | Refuerzo

Nombre _____

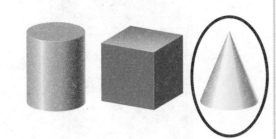

Grupo F _____

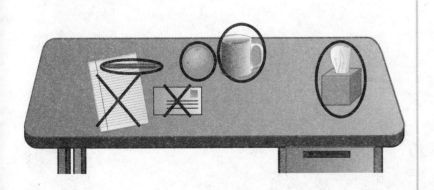

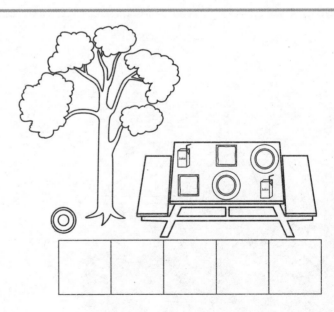

Instrucciones Pida a los estudiantes que: ✋ nombren el sólido de la izquierda y luego encierren en un círculo la figura de la derecha que se parece a esa figura; 6 señalen cada objeto del dibujo y digan a qué figura se parece cada uno. Luego, pídales que encierren en un círculo los objetos sólidos y marquen con una X los objetos planos.

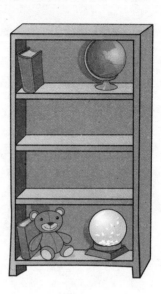

Grupo G

Usa herramientas digitales.

Instrucciones Pida a los estudiantes que: **7** marquen con una X el objeto que está junto al libro azul y encierren en un círculo el objeto que está debajo del objeto que tiene forma de esfera; **8** marquen con una X los objetos que tienen forma de círculo y están detrás del objeto que tiene forma de esfera.

   Copyright © Savvas Learning Company LLC. All Rights Reserved.   **Tema 12** | Refuerzo

Nombre _____

1 ⭐

Ⓐ

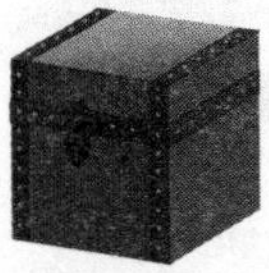

Ⓒ

Ⓑ

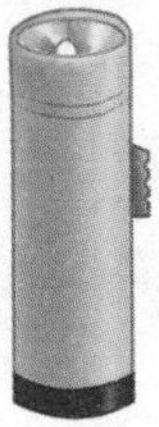

Ⓓ

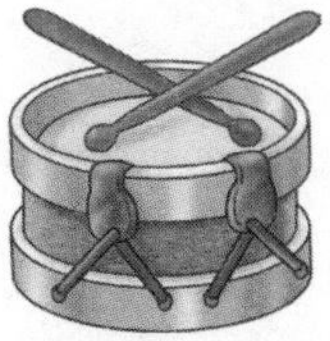

2 🍎

Ⓐ

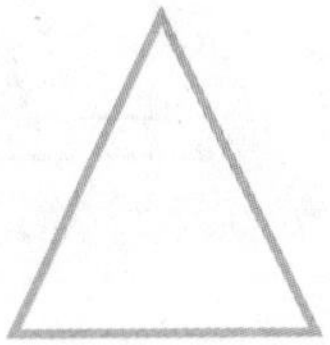

Ⓒ

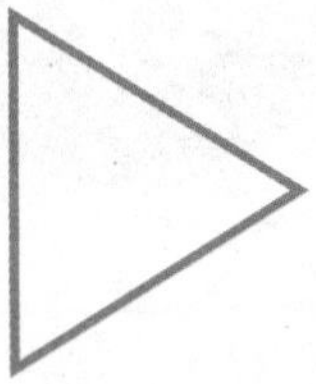

Ⓑ

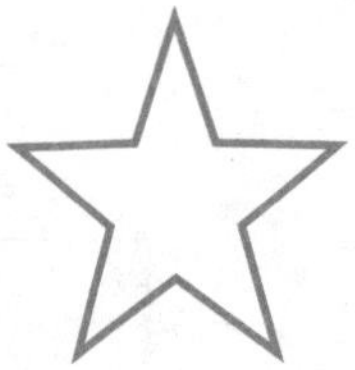

Ⓓ

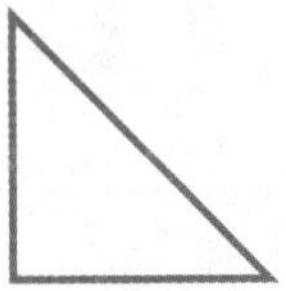

3

☐ 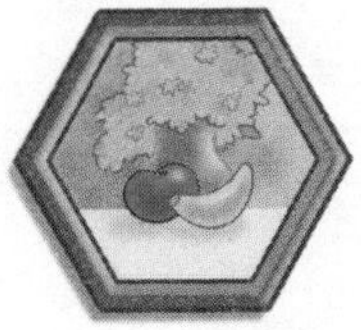 ☐

☐ 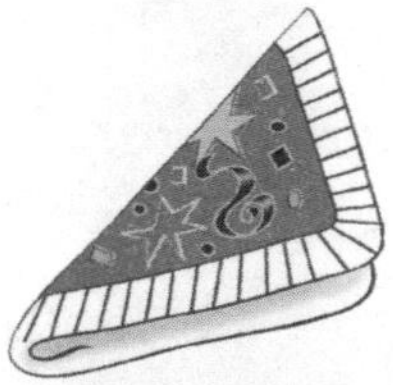 ☐

☐

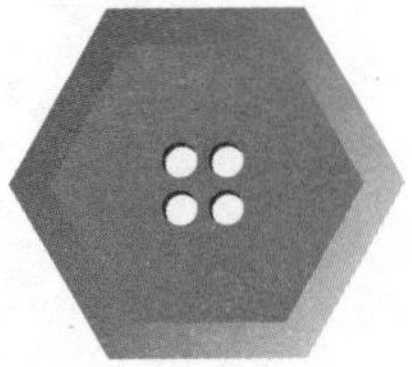

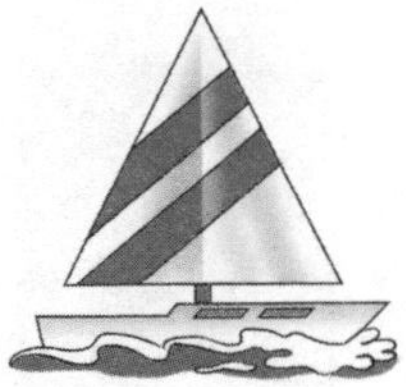

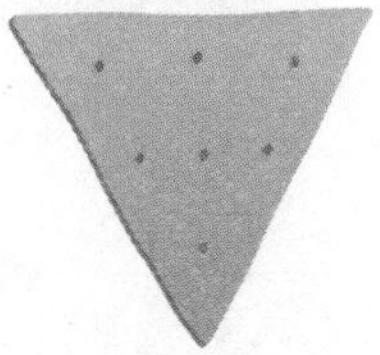

4 💜

Ⓐ

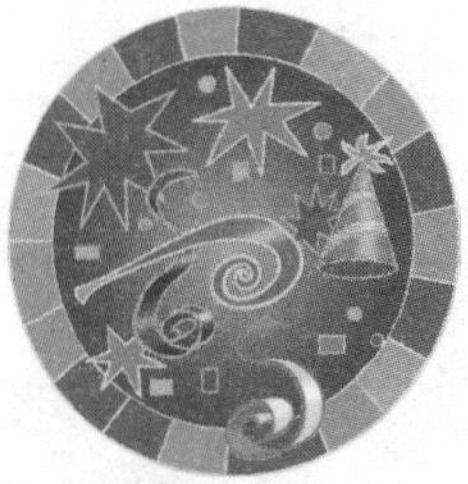

Ⓒ

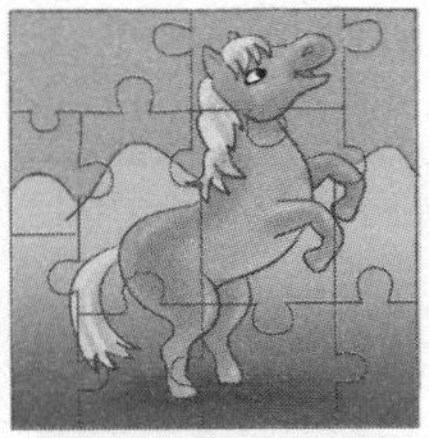

Ⓑ CERRADO

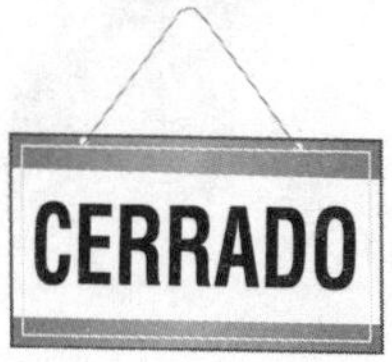

Ⓓ

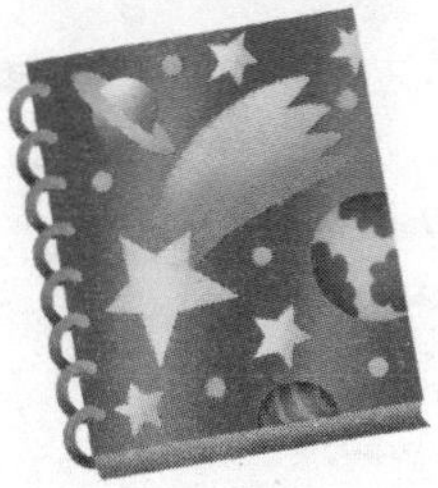

Instrucciones Pida a los estudiantes que marquen la mejor respuesta. **1** ¿Qué objeto NO es un sólido? **2** ¿Qué objeto NO es un triángulo? **3** Escojan dos objetos que tengan forma de hexágono. **4** ¿Qué objeto tiene forma de cuadrado?

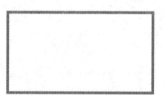  

Instrucciones Pida a los estudiantes que: 🖐️ marquen con una X los objetos que NO tienen forma de círculo; ☕ nombren las figuras, coloreen los rectángulos y luego marquen con una X el rectángulo que es un cuadrado; 🌲 miren el sólido de la izquierda y luego encierren en un círculo el objeto que se parece a esa figura.

Copyright © Savvas Learning Company LLC. All Rights Reserved.

Tema 12 | Práctica para la evaluación

8

 9

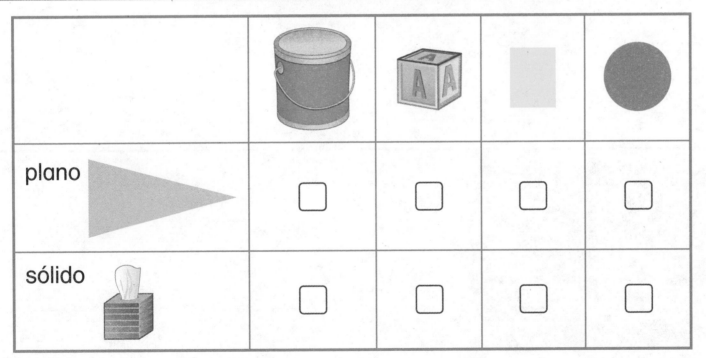

plano ▶	☐	☐	☐	☐
sólido	☐	☐	☐	☐

Instrucciones Pida a los estudiantes que: **8** dibujen un objeto que tenga forma de cilindro delante del florero. Luego, pídales que marquen con una X el objeto que está junto al gato y tiene forma de cuadrado; **9** escojan *plano* o *sólido* para cada imagen.

Instrucciones Pida a los estudiantes que: dibujen un objeto que tenga forma de esfera debajo de un libro y junto a una taza; dibujen un objeto plano. Luego, pídales que dibujen un objeto sólido; encierren en un círculo los objetos que tienen forma de círculo y luego marquen con una X los objetos que tienen forma de rectángulo.

Copyright © Savvas Learning Company LLC. All Rights Reserved.

Nombre _____

 1

2

Instrucciones **¡A jugar!** Diga: *Supna y sus amigos están jugando con juguetes.* Pida a los estudiantes que: ⭐ encierren en un círculo los juguetes que tienen forma de cubo. Pídales que marquen con una X los juguetes que tienen forma de cilindro; 🍎 encierren en un círculo los juguetes que tienen forma de rectángulo. Luego, pídales que marquen con una X los rectángulos que son cuadrados.

Instrucciones Pida a los estudiantes que: ③ marquen con una X el objeto del cuarto de juegos que tiene forma de hexágono; ④ dibujen un objeto junto al estante que tenga forma de cono; ✋ escuchen las pistas y luego encierren en un círculo el objeto descrito. Diga: *El objeto está arriba de los bloques. Tiene forma de esfera. Está junto a de la pelota verde. El objeto NO es amarillo.*

Copyright © Savvas Learning Company LLC. All Rights Reserved.

Tema 12 | Tarea de rendimiento

TEMA 13

Analizar, comparar y crear figuras

Pregunta esencial: ¿Cómo se llaman, describen, comparan y componen los sólidos?

Recursos digitales

 Libro del estudiante

 Aprendizaje visual

 Práctica

 Evaluación

 Herramientas

 A-Z Glosario

Pelotas

¡Las pelotas ruedan!

Proyecto de enVision STEM: ¿Cómo se mueven los objetos?

Instrucciones Lea el diálogo a los estudiantes. **¡Investigar!** Pida a los estudiantes que observen y describan cómo se mueven los objetos usando los términos *rodar*, *apilar* y *deslizar*. Diga: *Los objetos se mueven de distintas maneras. Hablen con sus amigos y familiares sobre objetos comunes con forma de cono, cilindro, esfera y cubo. Pregúnteles cómo se mueve cada uno y si ruedan, se apilan o se deslizan.* **Diario: Hacer un cartel** Pida a los estudiantes que hagan un cartel que muestre objetos comunes con forma de cono, cilindro, esfera y cubo, y luego digan cómo se mueve cada uno.

Nombre _____

Repasa lo que sabes

1

2

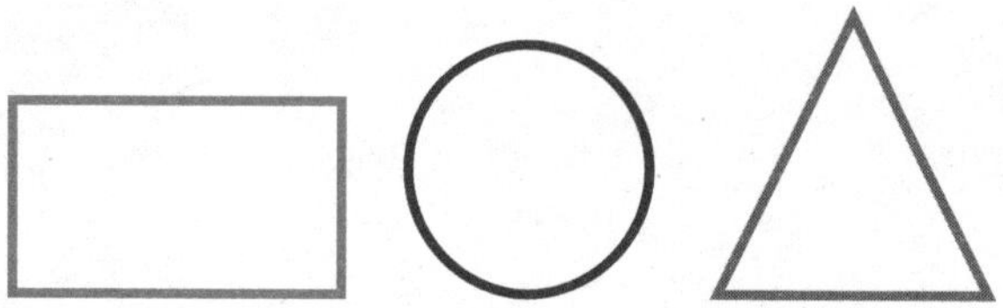

3

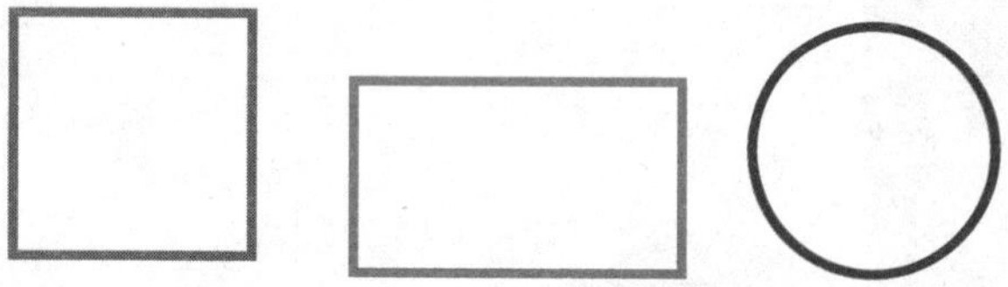

4

5

6

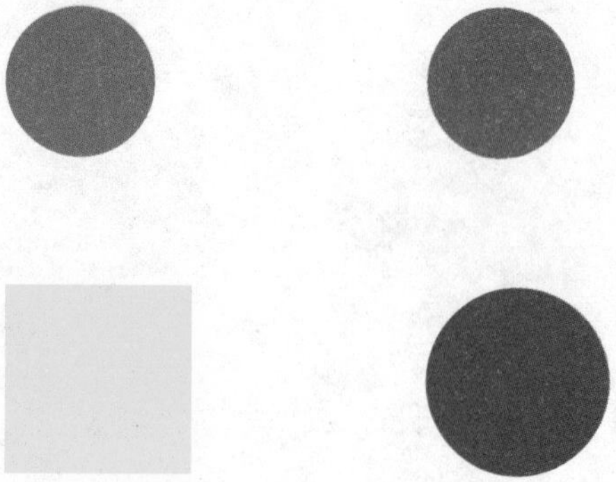

Instrucciones Pida a los estudiantes que: **1** encierren en un círculo el triángulo; **2** encierren en un círculo el círculo; **3** encierren en un círculo el cuadrado; **4** a **6** encierren en un círculo las figuras que tienen la misma forma.

Nombre _____

A

B

C

Instrucciones Diga: *Escogerán uno de los siguientes proyectos. Miren la imagen **A**. Piensen en esta pregunta: ¿Han comido algún círculo o cuadrado recientemente? Si escogen el Proyecto A, harán un cartel de formas de la cocina. Miren la imagen **B**. Piensen en esta pregunta: ¿Disfrutan de los espectáculos de títeres? Si escogen el Proyecto B, crearán un espectáculo de títeres. Miren la imagen **C**. Piensen en esta pregunta: ¿Cómo describirían las formas de esta colcha de retazos? Si escogen el Proyecto C, diseñarán un una colcha de retazos.*

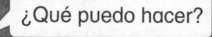
¿Qué puedo hacer?

Instrucciones Lea a los estudiantes lo que dice el robot. **Generar interés** Pregunte a los estudiantes acerca de su experiencia con las figuras. Diga: *¿Pueden usar rectángulos pequeños para hacer uno más grande? ¿Pueden usar triángulos para hacer un rectángulo?* Deles tiempo para que practiquen hacer figuras a partir de figuras más pequeñas.

Puedo...
representar con modelos matemáticos usando figuras de dos dimensiones para resolver un problema.

Copyright © Savvas Learning Company LLC. All Rights Reserved.

Resuélvelo y coméntalo

Nombre _____

Instrucciones Diga: *Emily quiere averiguar qué figuras hay detrás de la puerta. Las figuras misteriosas detrás de la puerta solo tienen 4 vértices (esquinas). Usen las figuras que están arriba de la puerta para decidir qué figuras hay detrás de la puerta. Dibujen en la puerta las figuras que se corresponden con la pista. ¿Cuántas figuras dibujaron? Escriban el número al lado de la puerta. Ahora marquen con una X las figuras que NO están detrás de la puerta. Cuenten estas figuras y escriban el número. Miren los dos números que escribieron. Encierren en un círculo el número más grande. Si los números son iguales, encierren cada uno en un círculo. Nombren las figuras que están detrás de la puerta.*

Puedo... analizar y comparar figuras bidimensionales.

También puedo hacer mi trabajo con precisión.

Práctica guiada

1

2

Instrucciones Pida a los estudiantes que escuchen las pistas, marquen con una X las figuras que NO se correspondan con las pistas y encierren en un círculo la figura descrita en las pistas. Luego, pídales que digan en qué se diferencian las figuras que marcaron con una X de la figura que encerraron en un círculo. **1** *Tengo 4 lados. NO tengo 4 lados con la misma longitud. ¿Qué figura soy?* **2** *NO tengo 4 lados. NO tengo vértices. ¿Qué figura soy?*

Copyright © Savvas Learning Company LLC. All Rights Reserved.

Tema 13 | Lección 1

Nombre _____

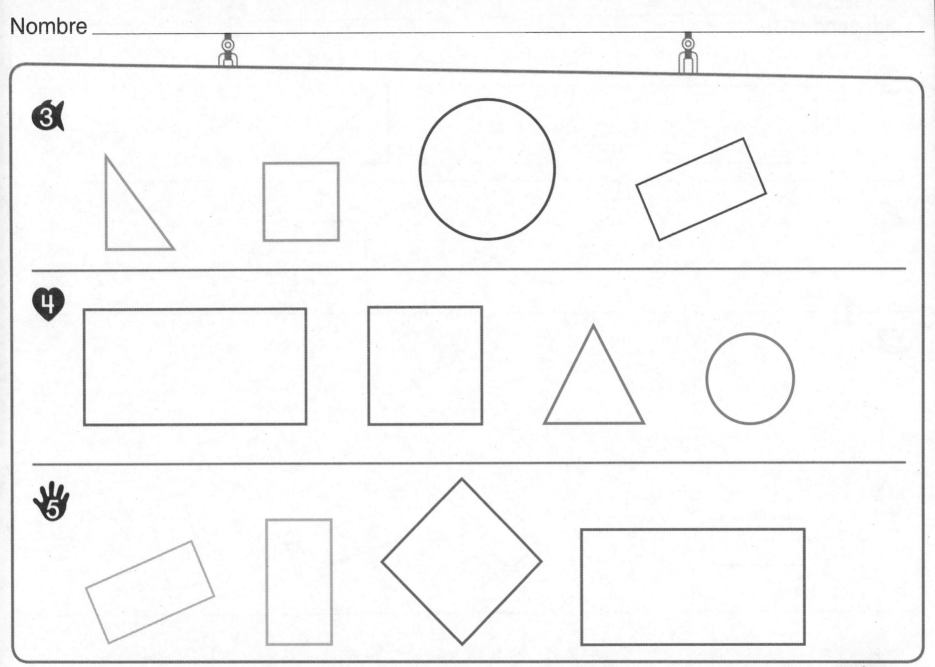

Instrucciones Pida a los estudiantes que escuchen las pistas, marquen con una X las figuras que NO se correspondan con las pistas y encierren en un círculo la figura descrita en las pistas. Luego, pídales que digan en qué se parecen las figuras que marcaron con una X y la figura que encerraron en un círculo. ❸ **Sentido numérico** *NO soy redonda. Tengo menos de 4 lados. ¿Qué figura soy?* ❹ *NO soy un rectángulo. Tengo 0 lados. ¿Qué figura soy?* ✋ *Tengo 4 vértices. Soy un rectángulo especial porque todos mis lados tienen la misma longitud. ¿Qué figura soy?*

Herramientas Evaluación

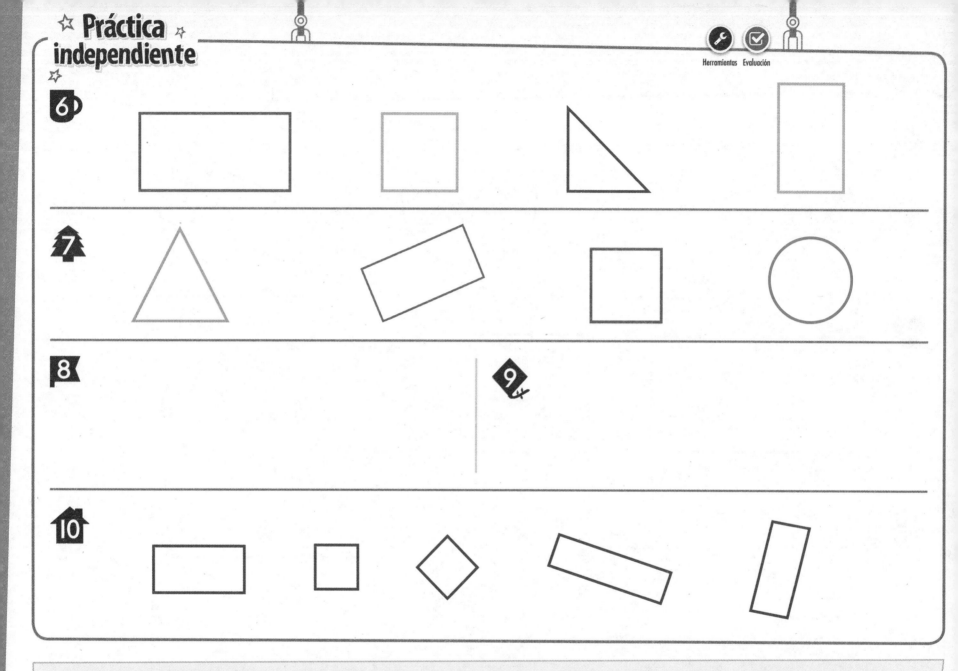

6

7

8

9

10

Instrucciones Pida a los estudiantes que escuchen las pistas, marquen con una X las figuras que NO se correspondan con las pistas y encierren en un círculo las figuras descritas en las pistas. Luego, pídales que digan en qué se diferencian las figuras que marcaron con una X y la figura que encerraron en un círculo. **6** *Mis lados NO tienen todos la misma longitud. Tengo 3 vértices. ¿Qué figura soy?* **7** *Tengo 4 lados. Tengo la misma forma que la puerta de la clase. ¿Qué figura soy?* **8** Pida a los estudiantes que escuchen las pistas y luego dibujen la figura descrita en las pistas: *Tengo más de 3 lados. La cantidad de vértices que tengo es menor que 5. Todos mis lados tienen la misma longitud. ¿Qué figura soy?* **9** **Razonamiento de orden superior** Pida a los estudiantes que dibujen una figura que tenga 4 lados y 4 vértices que NO sea un cuadrado o rectángulo y luego expliquen por qué no lo es. **10** **Razonamiento de orden superior** Pida a los estudiantes que encierren en un círculo los rectángulos. Pídales que coloreen todos los cuadrados y luego expliquen en qué se parecen y en qué se diferencian las figuras.

Copyright © Savvas Learning Company LLC. All Rights Reserved.

Nombre _____

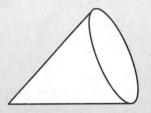

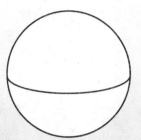

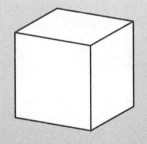

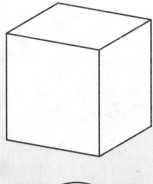

Instrucciones Diga: *Jackson quiere hallar un sólido. El sólido tiene más de un lado plano y rueda. Coloreen los sólidos que corresponden a la descripción. Luego, cuéntenlos. ¿Cuántos hay? ¿Cuántos sólidos hay en total?*

Puedo...
analizar y comparar figuras tridimensionales.

También puedo buscar patrones.

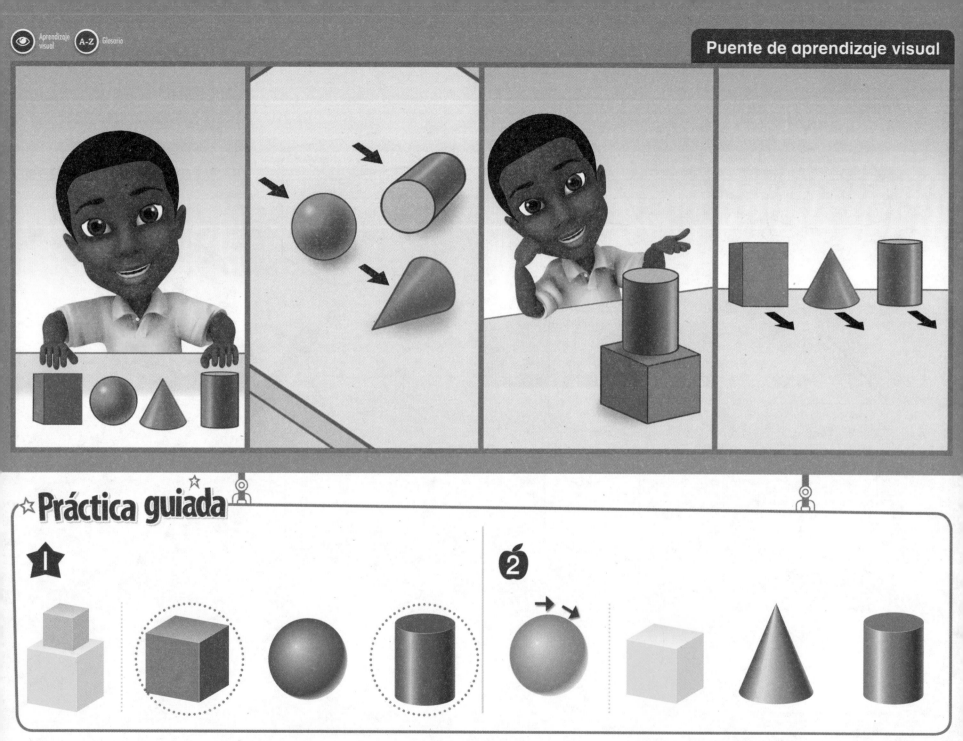

☆ Práctica guiada

1

2

Instrucciones Pida a los estudiantes que: **1** miren los sólidos apilados a la izquierda y luego encierren en un círculo los otros sólidos que se pueden apilar; **2** miren a la izquierda el sólido que rueda y luego encierren en un círculo los otros sólidos que ruedan.

Copyright © Savvas Learning Company LLC. All Rights Reserved.

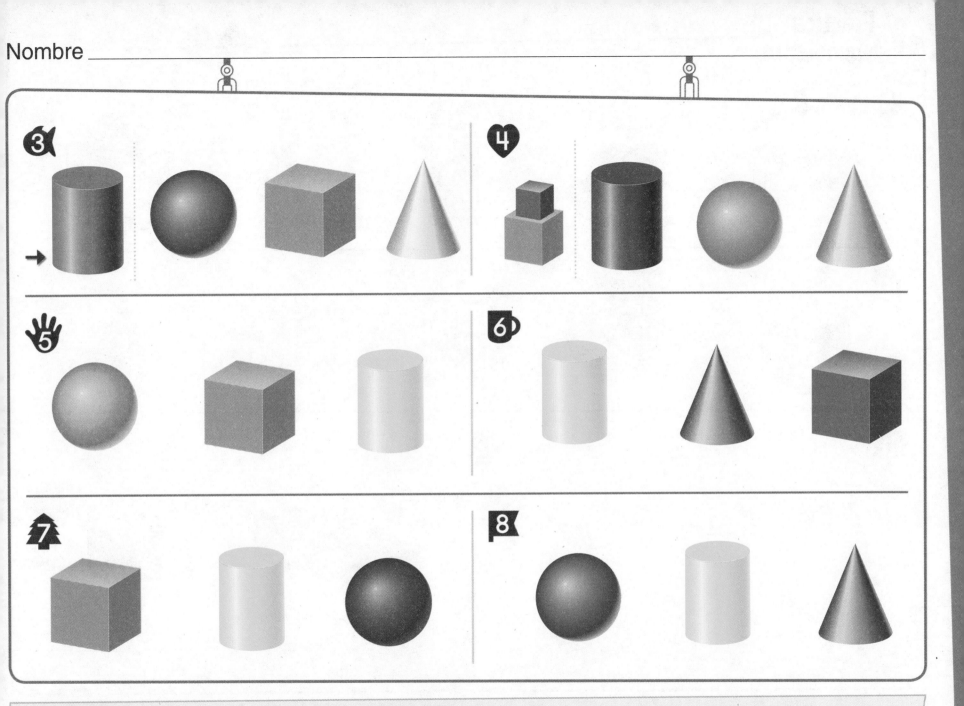

Instrucciones Pida a los estudiantes que: ❸ miren a la izquierda el sólido que se desliza y luego encierren en un círculo los otros sólidos que se deslizan; ❹ miren los sólidos apilados a la izquierda y luego encierren en un círculo los otros sólidos que se pueden apilar sobre los cubos; ✋ encierren en un círculo el sólido que puede rodar y apilarse; ❻ encierren en un círculo los sólidos que pueden rodar y deslizarse; ❼ encierren en un círculo los sólidos que pueden apilarse y deslizarse; ❽ **enVision®** STEM Pida a los estudiantes que encierren en un círculo el sólido que NO puede apilarse ni deslizarse. Luego, pregúnteles qué movimiento haría rodar a una esfera.

9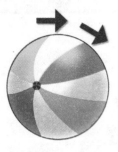

10

 12

Instrucciones Pida a los estudiantes que: 🔹 miren a la izquierda el objeto que rueda y luego encierren en un círculo los otros objetos que rueden; **10** miren a la izquierda el objeto que se desliza y luego encierren en un círculo los otros objetos que se deslizan. **✸ Razonamiento de orden superior** Pida a los estudiantes que dibujen 2 sólidos que puedan apilarse uno sobre el otro. **12 Razonamiento de orden superior** Pida a los estudiantes que encierren en un círculo el cubo y luego expliquen por qué el otro sólido NO es un cubo.

Copyright © Savvas Learning Company LLC. All Rights Reserved.
Tema 13 | Lección 2

Nombre _____

Instrucciones Diga: *Jackson necesita hallar un círculo que sea la superficie plana de un sólido. ¿Cuál de estos sólidos tiene un círculo plano como parte de la figura? Encierren en un círculo los sólidos que tienen una parte que es un círculo. Marquen con una X los sólidos que NO la tienen. ¿Cuántos sólidos hay en la página en total? ¿Cuántos encerraron en un círculo? Sin contar, ¿cuántos sólidos tienen una X? Cuenten los sólidos marcados con una X para comprobar sus respuestas.*

Puedo... analizar y comparar figuras bidimensionales y tridimensionales.

También puedo razonar sobre las matemáticas.

⭐ Práctica guiada ⭐

1

2

Instrucciones Pida a los estudiantes que: **1** y **2** miren la figura de la izquierda y luego encierren en un círculo los sólidos que tienen una superficie plana con esa forma.

Copyright © Savvas Learning Company LLC. All Rights Reserved.

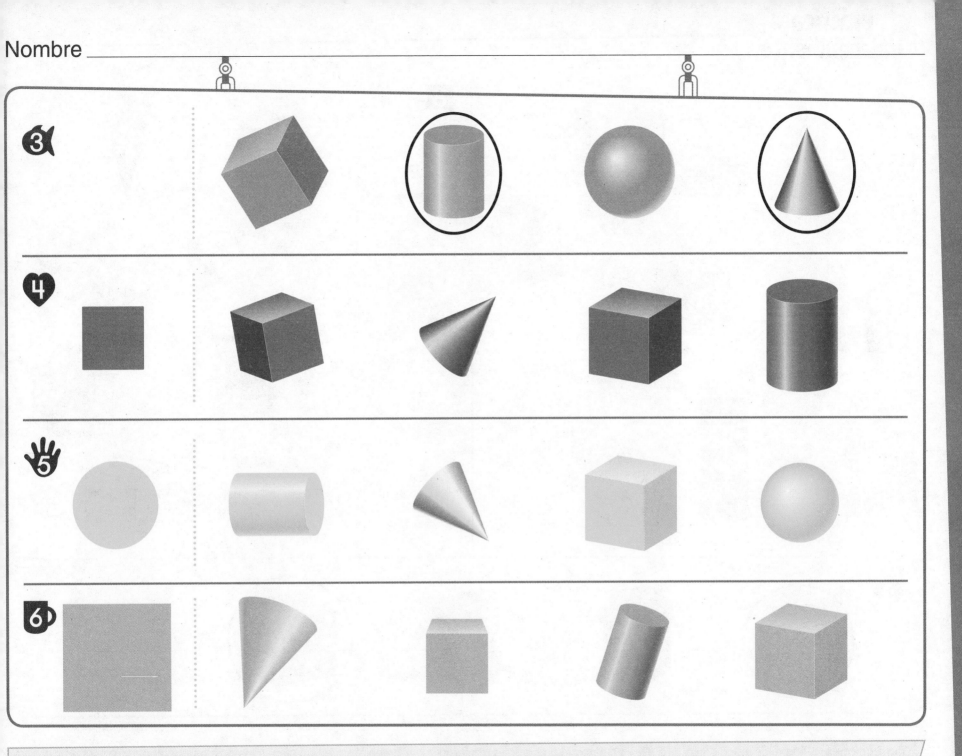

Instrucciones ❸ **Vocabulario** Pida a los estudiantes que dibujen la **superficie plana** de los sólidos que están encerrados en un círculo. ❹ a ❻ Pida a los estudiantes que miren la figura de la izquierda y luego encierren en un círculo los sólidos que tienen una superficie plana con esa forma.

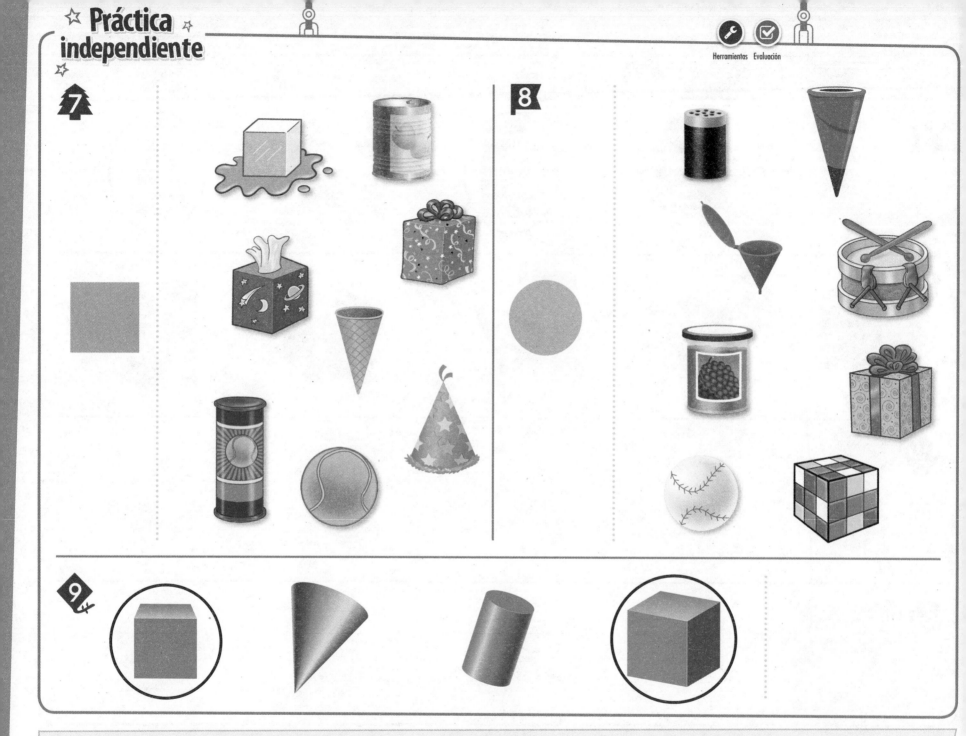

7

8

9

Instrucciones Pida a los estudiantes que: **7** y **8** miren la figura de la izquierda y luego encierren en un círculo los objetos que tienen una superficie plana con esa forma. **9** **Razonamiento de orden superior** Pida a los estudiantes que miren los sólidos que están encerrados en un círculo y luego dibujen la figura de la superficie plana de esos sólidos.

Copyright © Savvas Learning Company LLC. All Rights Reserved.

Nombre _____

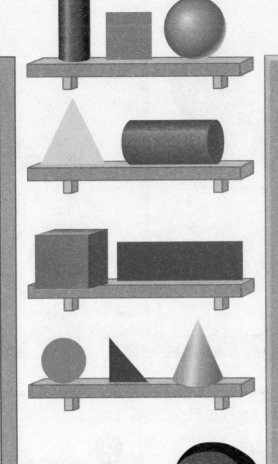

1 plano

2 sólido

Piensa.

Instrucciones Diga: *Jackson quiere poner figuras planas detrás de la Puerta 1 y sólidos detrás de la Puerta 2. Tracen una línea desde cada figura hasta la puerta correcta para mostrar cómo debe agruparlas. Cuenten todas las figuras de los estantes. Luego, cubran una puerta. Cuenten las figuras que hay detrás de la puerta que pueden ver. Sin contar, digan cuántas figuras creen que hay detrás de la otra puerta. Luego, cuéntenlas para comprobar sus respuestas.*

Puedo...
entender problemas sobre figuras.

También puedo identificar figuras de dos y tres dimensiones según sus atributos medibles.

Práctica guiada

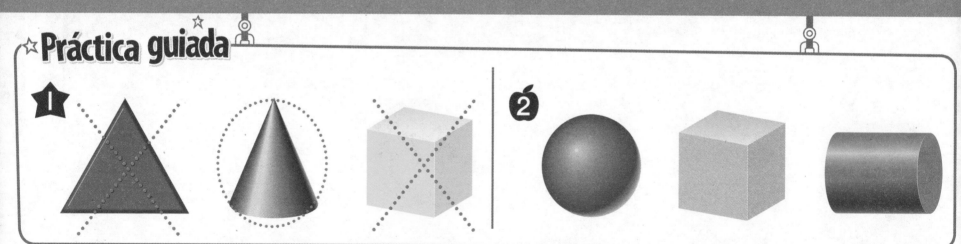

Instrucciones   Pida a los estudiantes que escuchen las pistas, marquen con una X las figuras que NO se correspondan con las pistas y luego encierren en un círculo la figura descrita en las pistas. Pídales que nombren la figura y luego expliquen sus respuestas. ❶ *Soy un sólido. Puedo rodar. Tengo solo 1 superficie plana. ¿Qué figura soy? Expliquen qué pistas los ayudaron a resolver el misterio.* ❷ *Soy un sólido. Puedo rodar. También me puedo apilar. ¿Qué figura soy? Expliquen qué pistas los ayudaron a resolver el misterio.*

Copyright © Savvas Learning Company LLC. All Rights Reserved.

Nombre _____

Herramientas Evaluación

❸

❹

✋❺

☕❻

🌲❼

🚩❽

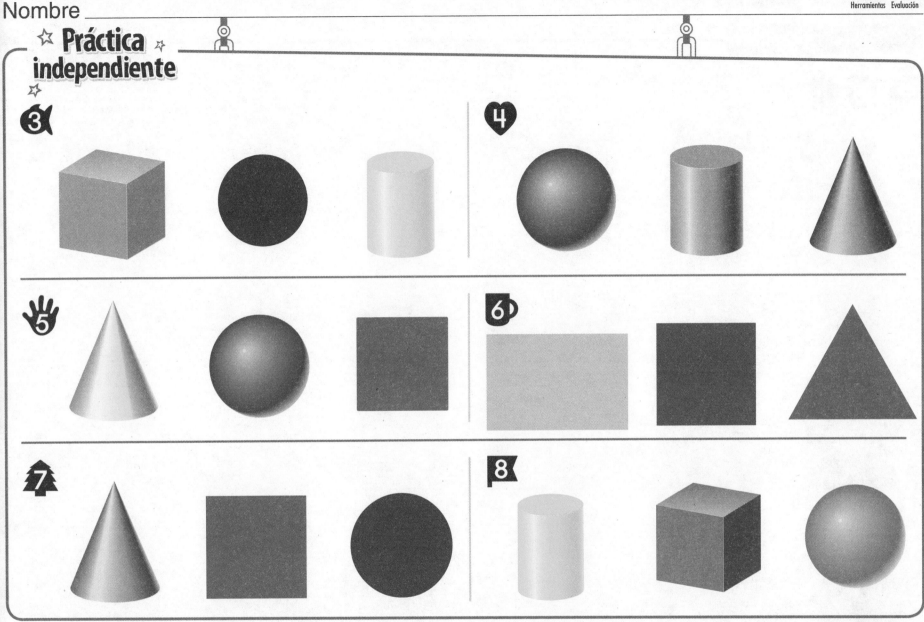

Instrucciones Pida a los estudiantes que escuchen las pistas, marquen con una X las figuras que NO se correspondan con las pistas y luego encierren en un círculo la figura descrita en las pistas. Pídales que nombren la figura y luego expliquen sus respuestas. ❸ *Soy un sólido. Me puedo apilar y deslizar. Tengo 6 superficies planas. ¿Qué figura soy?* ❹ *Soy un sólido. Puedo deslizarme. Tengo solo 1 superficie plana. ¿Qué figura soy?* ❺ *Soy un sólido. Puedo rodar. NO tengo ninguna superficie plana. ¿Qué figura soy?* ❻ *Soy una figura plana. Tengo 4 lados. Todos mis lados tienen la misma longitud. ¿Qué figura soy?* ❼ *Soy una figura plana. NO tengo ningún lado recto. ¿Qué figura soy?* ❽ *Soy un sólido. Puedo rodar. Tengo 2 superficies planas. ¿Qué figura soy?*

Instrucciones Lea el problema a los estudiantes. Luego, pídales que usen diferentes prácticas matemáticas para resolverlo. Pida a los estudiantes que miren la figura en la parte superior de la página. Diga: *La maestra de Emily le enseña un juego a la clase. Tienen que darle pistas a un compañero acerca de la figura misteriosa. ¿Qué pistas puede dar Emily sobre esta figura?* **Entender** *¿Cuál es la figura? ¿Por qué es especial?* **Hacerlo con precisión** *¿Qué pistas pueden dar sobre la figura? Piensen en cómo luce y si puede rodar, apilarse o deslizarse.* **Explicar** *¿Qué pasa si su compañero les da una respuesta incorrecta? ¿Pueden darle más pistas como ayuda?*

Copyright © Savvas Learning Company LLC. All Rights Reserved.

Resuélvelo y coméntalo

Nombre _____

Instrucciones Diga: *Emily tiene 4 triángulos. Ella cree que puede usarlos para formar otras figuras bidimensionales si hace coincidir los lados de forma exacta Y conecta los 4 triángulos solo por sus lados. Usen 4 triángulos amarillos como los que tiene Emily. Formen la mayor cantidad de figuras diferentes usando los 4 triángulos. Mientras forman cada figura, digan qué figura formaron o descríbanla y digan dónde están los triángulos. Luego, dibujen los cuatro triángulos en la página para mostrar su figura favorita.*

Puedo...
formar figuras bidimensionales usando otras figuras bidimensionales.

También puedo usar razonamientos repetidos.

Práctica guiada

1

Instrucciones ⭐ Pida a los estudiantes que usen el bloque de patrón que se muestra para cubrir la figura, dibujen las líneas y luego escriban el número que indica cuántos bloques de patrones se deben usar.

526 quinientos veintiséis

Copyright © Savvas Learning Company LLC. All Rights Reserved.

Nombre _____

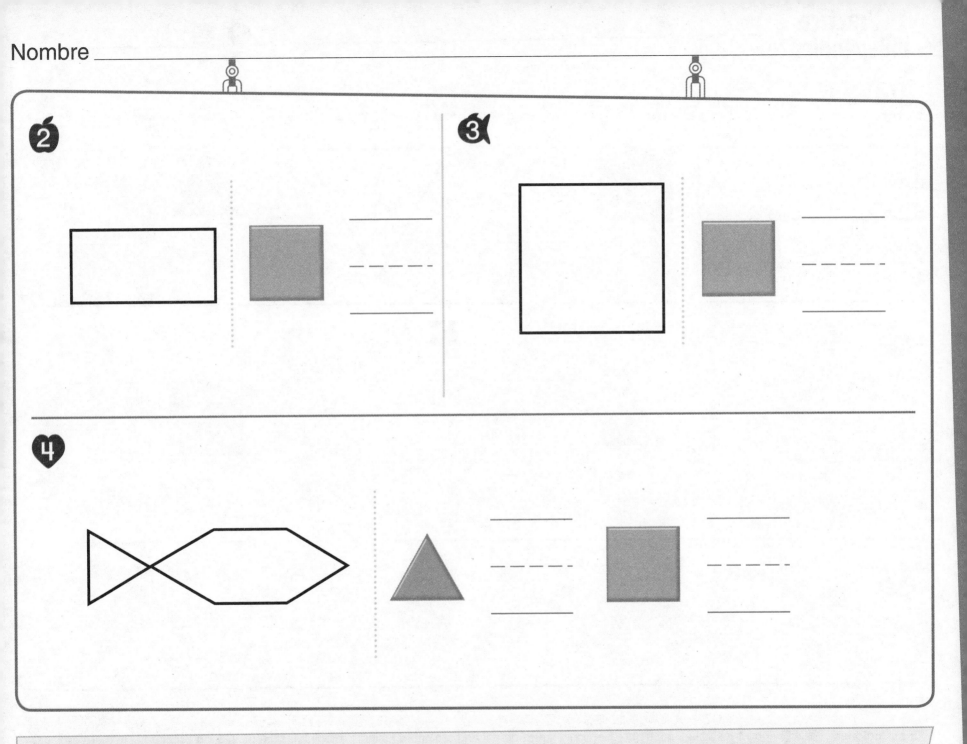

Instrucciones 🍎 y 🐬 Pida a los estudiantes que usen el bloque de patrón que se muestra para cubrir la figura, dibujen las líneas y luego escriban el número que indica cuántos bloques de patrón hay que usar. ❤️ Pida a los estudiantes que usen los bloques de patrón que se muestran para crear el pez, dibujen las líneas y luego escriban el número que indica cuántos bloques de patrón de cada tipo se deben usar.

Tema 13 │ Lección 5   quinientos veintisiete **527**

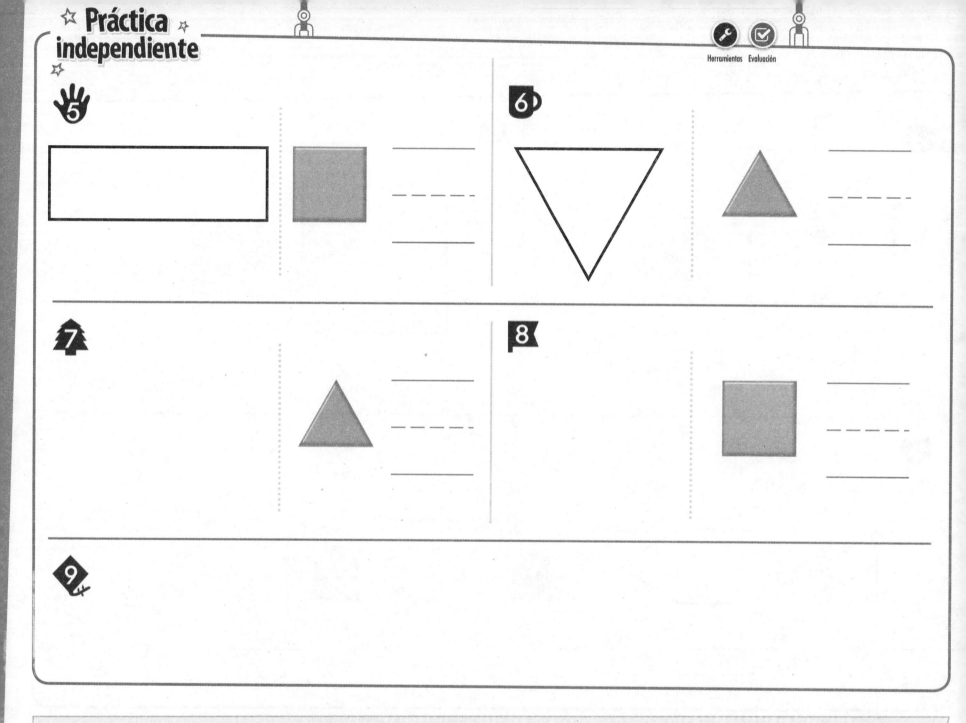

Instrucciones 🖐 y ☕ Pida a los estudiantes que usen los bloques de patrón para cubrir la figura, dibujen las líneas y luego escriban el número que indica cuántos bloques de patrón se deben usar. 🌲 y 🚩 Pida a los estudiantes que usen el bloque de patrón que se muestra para crear una figura bidimensional, dibujen la figura y luego escriban cuántos bloques de patrón usaron. 🔷 **Razonamiento de orden superior** Pida a los estudiantes que usen bloques de patrón para crear una figura y que luego la dibujen en el espacio en blanco.

528 quinientos veintiocho   Copyright © Savvas Learning Company LLC. All Rights Reserved.   **Tema 13** | Lección 5

Círculo   NO es un círculo

Instrucciones Diga: *Usen hilo, un cordel o limpiapipas para construir un círculo. Luego, usen hilo, un cordel, limpiapipas o pajillas para construir una figura que NO sea un círculo y digan qué figura construyeron. Expliquen en qué se diferencian las figuras que construyeron.*

Puedo...
construir figuras bidimensionales que se correspondan con atributos dados.

También puedo escoger y usar herramientas correctamente.

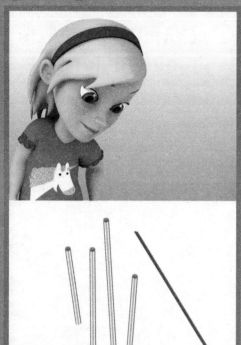

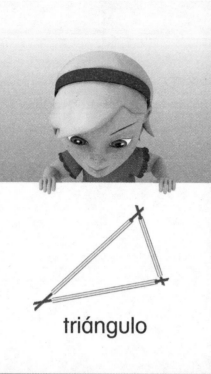

triángulo

NO es un triángulo

rectángulo

NO es un rectángulo

Práctica guiada

1

2

Instrucciones Provea a los estudiantes de hilo, limpiapipas o pajillas para formar cada figura. Los estudiantes deben adjuntar a la página las figuras que hagan con estos materiales. Pídales que dibujen o construyan: **1** un cuadrado; **2** una figura que NO sea un cuadrado.

Copyright © Savvas Learning Company LLC. All Rights Reserved.

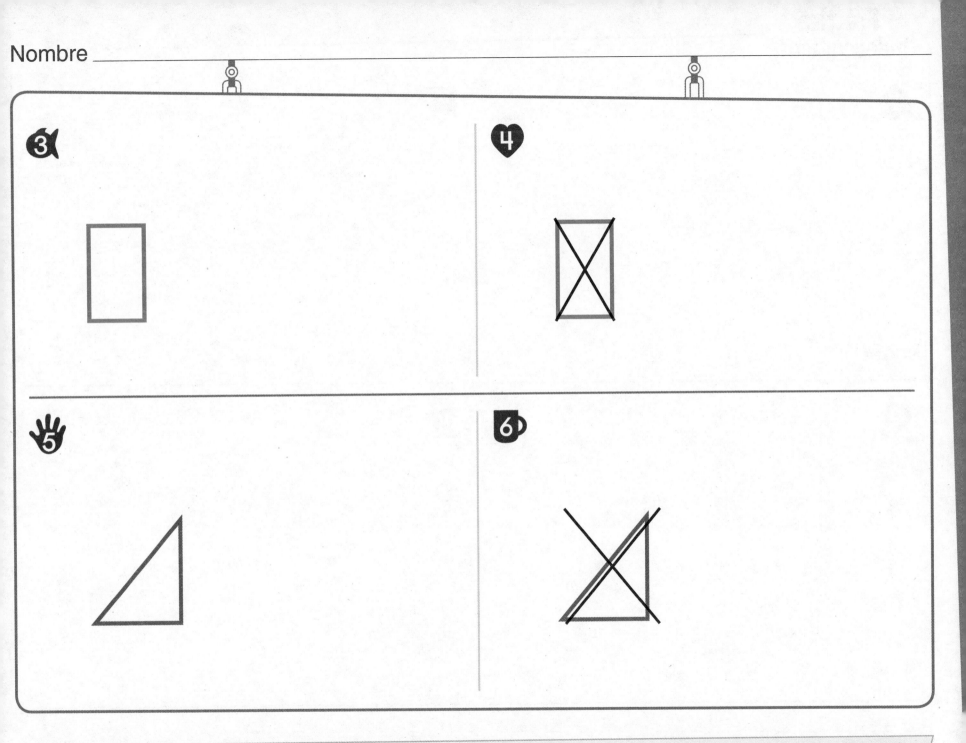

Instrucciones Provea a los estudiantes de hilo, limpiapipas o pajillas para formar cada figura. Los estudiantes deben adjuntar a la página las figuras que hagan con los materiales. Pídales que dibujen o construyan: ③ un rectángulo; ④ una figura que NO sea un rectángulo; ✋ un triángulo; ⑥ una figura que NO sea un triángulo.

Herramientas Evaluación

7

8

9

10

Instrucciones Pida a los estudiantes que: **7** dibujen un rectángulo; **8** dibujen un triángulo; **9** dibujen un cuadrado. **10** **Razonamiento de orden superior** Pida a los estudiantes que escojan hilo, cuerda, limpiapipas o pajillas para construir un círculo. Pídales que lo adjunten a esta página y luego expliquen por qué algunos materiales son mejores que otros para construir círculos.

Resuélvelo y coméntalo

Nombre ______________________________

Lección 13-7
Construir figuras tridimensionales

Instrucciones Diga: *Jackson quiere construir este edificio con sólidos. ¿Qué sólidos puede usar? Digan cómo lo saben.*

Puedo...
usar materiales para construir figuras tridimensionales.

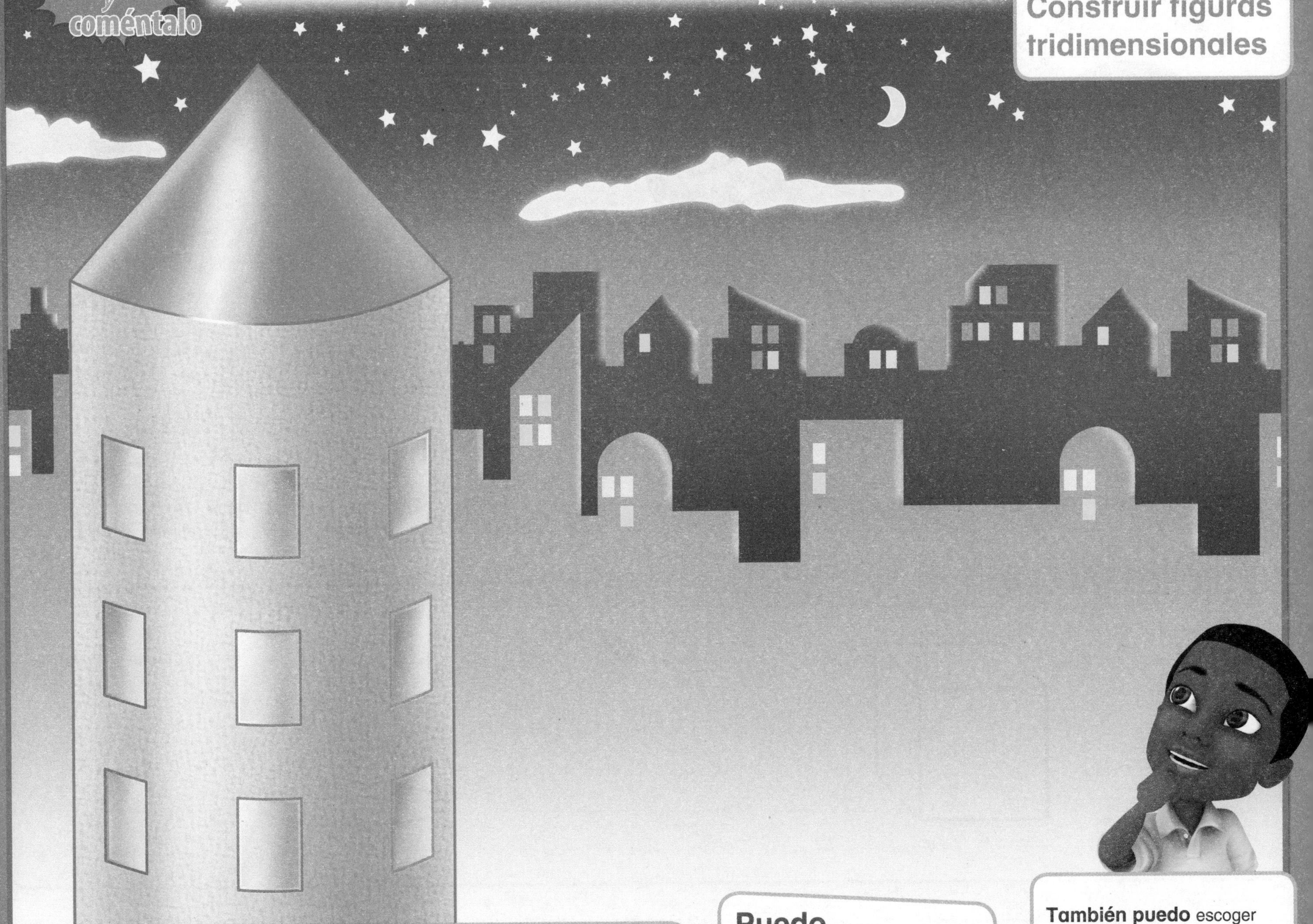

También puedo escoger y usar herramientas correctamente.

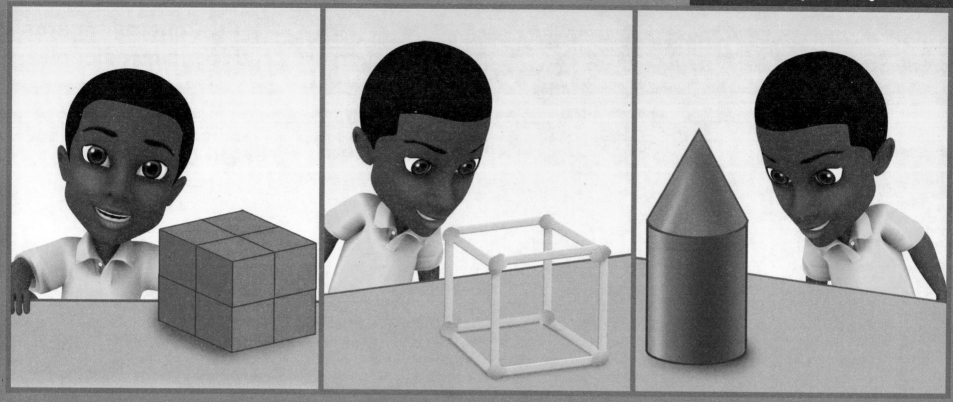

☆ Práctica guiada

1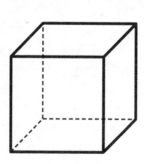

2

Instrucciones **1** y **2** Pida a los estudiantes que usen pajillas, plastilina, palillos de manualidades, papel u otros materiales para construir el sólido que se muestra.

Copyright © Savvas Learning Company LLC. All Rights Reserved.

Nombre _____

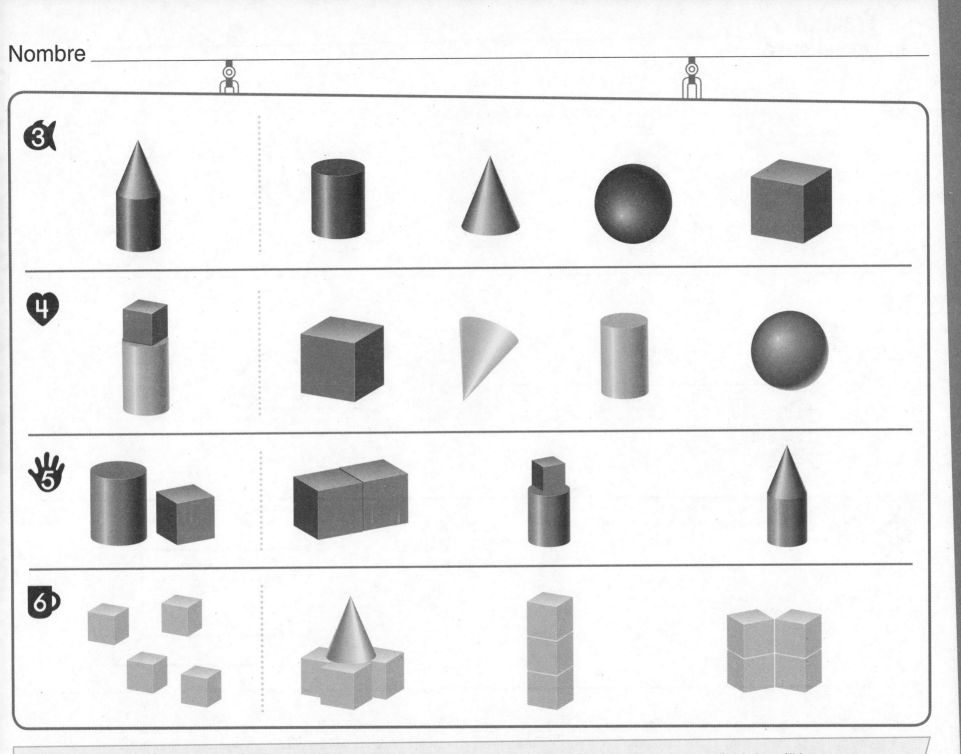

Instrucciones Pida a los estudiantes que: ❸ y ❹ usen herramientas para construir la figura y luego encierren en un círculo los sólidos que se usan para construir la figura; ❺ y ❻ usen herramientas para hallar la figura que se puede construir con los sólidos y luego encierren en un círculo la figura.

Tema 13 | Lección 7

quinientos treinta y cinco **535**

Herramientas Evaluación

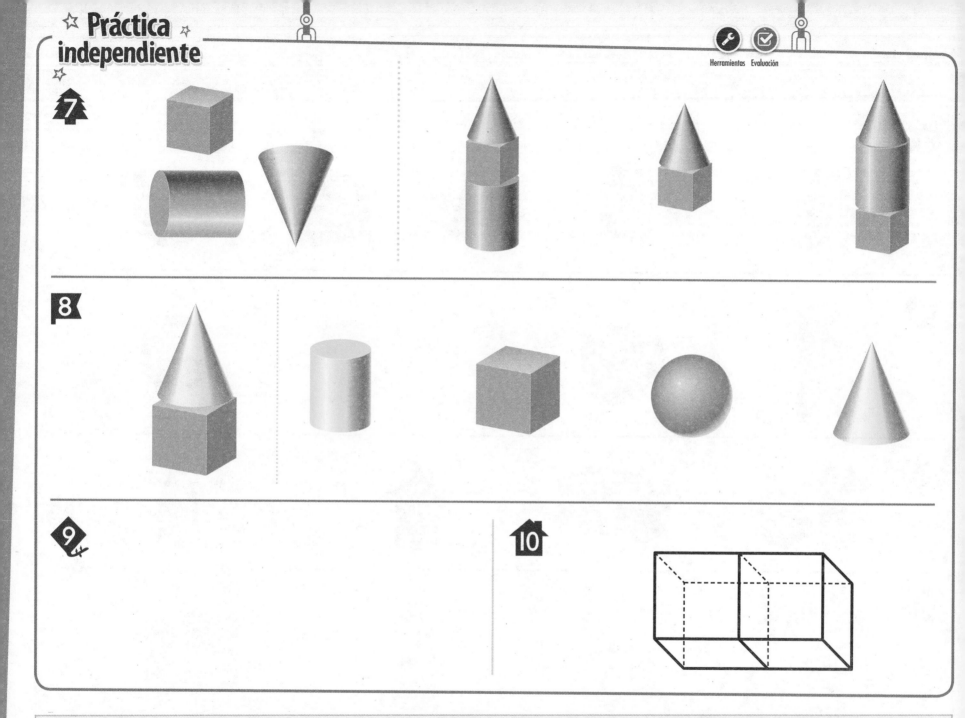

Instrucciones Pida a los estudiantes que: 🌲 usen herramientas para hallar la figura que se puede construir con los sólidos y luego encierren en un círculo las figuras; 🏴 usen herramientas para construir la figura y luego encierren en un círculo los sólidos que se usan para construir la figura.
◆ **Razonamiento de orden superior** Pida a los estudiantes que usen pajillas, hilo, limpiapipas u otros materiales para construir un sólido que NO sea un cono. Diga: *Dibujen un bosquejo del sólido que construyeron.* 🏠 **Razonamiento de orden superior** Pida a los estudiantes que usen pajillas, plastilina, palillos de manualidades, papel u otros materiales para construir la figura que se muestra.

   Copyright © Savvas Learning Company LLC. All Rights Reserved.

 **Emparéjalo**

Nombre _____

❶

O	U	N
$1+0$	$5-2$	$3+2$

___ ___ ___	___ ___ ___	___ ___ ___
$1+2$	$4+1$	$4-3$

②

S	D	O
$5-1$	$1+1$	$2-2$

___ ___ ___	___ ___ ___	___ ___ ___
$3-1$	$5-5$	$2+2$

Instrucciones ❶ y ② Pida a los estudiantes que trabajen en parejas. Pídales que señalen una pista de la fila de arriba y luego resuelvan la suma o la resta. Luego, pídales que miren las pistas de la fila de abajo para hallar la suma o resta que corresponde a la pista y escriban la letra de la pista arriba de la operación. Pida a los estudiantes que emparejen todas las pistas.

Puedo...
sumar y restar con fluidez hasta el 5.

También puedo construir argumentos matemáticos.

TEMA 13 **Repaso del vocabulario** A-Z Glosario

1 ⭐

2 🍎

3 🐟

Instrucciones **Comprender el vocabulario** Pida a los estudiantes que: ⭐ encierren en un círculo los sólidos que pueden **rodar**; 🍎 encierren en un círculo los sólidos que se pueden **apilar**; 🐟 encierren en un círculo los sólidos que se pueden **deslizar**.

538 quinientos treinta y ocho   Copyright © Savvas Learning Company LLC. All Rights Reserved.   **Tema 13** | Repaso del vocabulario

Nombre _____

Grupo A _____

⭐ **1**

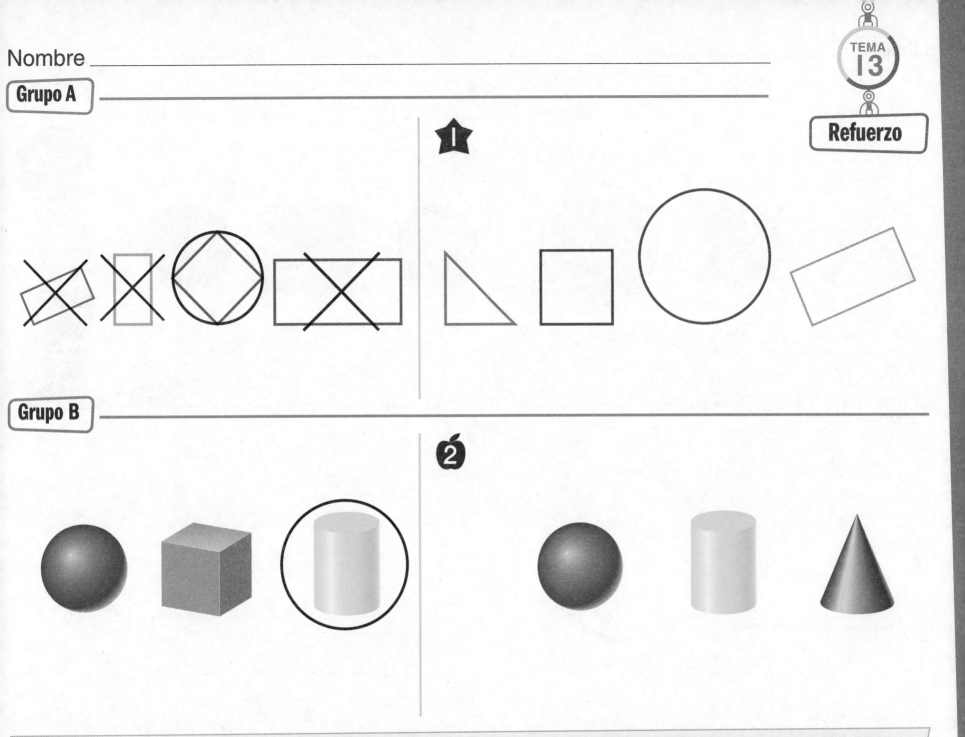

Grupo B _____

🍎 **2**

Instrucciones Pida a los estudiantes que: ⭐ escuchen las pistas, marquen con una X las figuras que NO se correspondan con las pistas y encierren en un círculo la figura descrita en las pistas. Luego, pídales que digan en qué se parecen las figuras que marcaron con una X y la figura que encerraron en un círculo. *NO soy redonda. Tengo 4 lados. Mis lados no tienen todos la misma longitud*; 🍎 encierren en un círculo el sólido que NO se puede apilar ni deslizar.

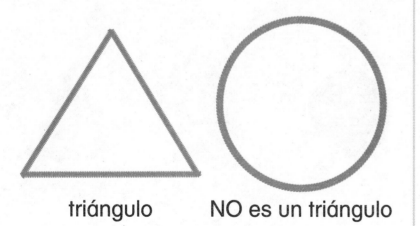

triángulo   NO es un triángulo

Instrucciones Pida a los estudiantes que: ❸ marquen con una X las figuras que NO coincidan con las pistas y luego encierren en un círculo la figura que describen las pistas: *No tengo lados. NO puedo rodar. ¿Qué figura soy?* ❹ dibujen o usen hilo, limpiapipas o pajillas para formar un triángulo y una figura que NO sea un triángulo y luego adjunten sus figuras a esta página.

Copyright © Savvas Learning Company LLC. All Rights Reserved.

Nombre _____

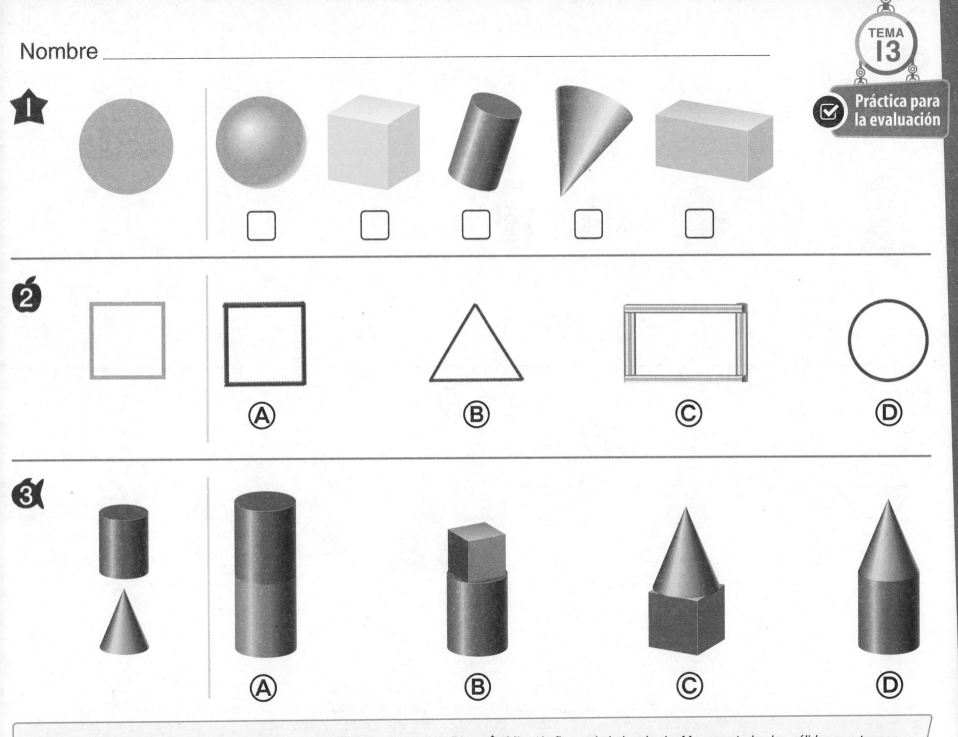

Instrucciones Pida a los estudiantes que marquen la mejor respuesta. Diga: ⭐ *Miren la figura de la izquierda. Marquen todos los sólidos que tengan una superficie plana con esa forma.* ❷ *¿Cuál de las figuras construidas con diferentes materiales o dibujadas coincide con la figura de la izquierda?* ❸ *¿Qué figura se puede construir con los sólidos de la izquierda?*

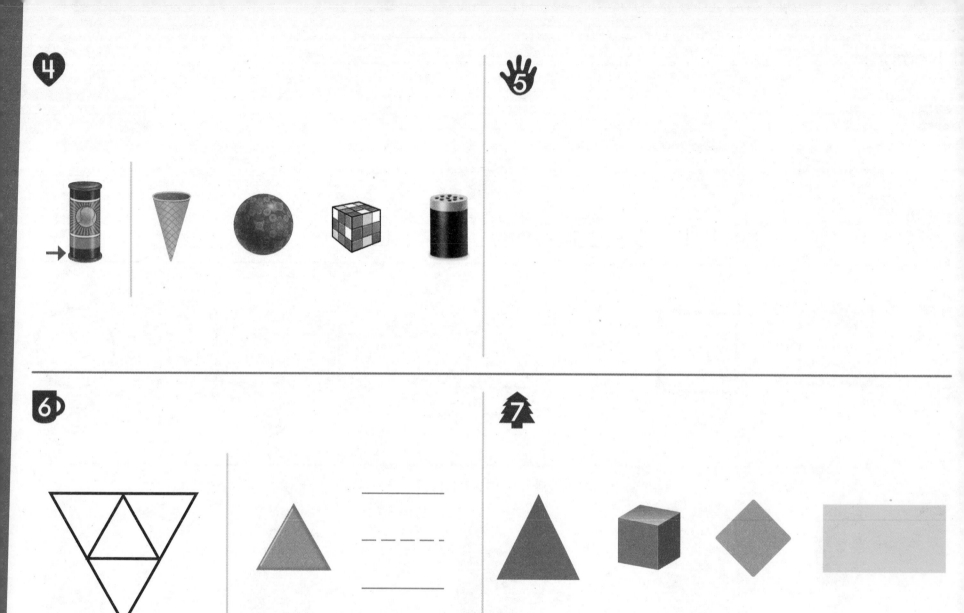

4

5

6

7

Instrucciones Pida a los estudiantes que: **4** miren a la izquierda el objeto que se puede deslizar y luego encierren en un círculo todos los otros objetos que se pueden deslizar; **5** escuchen las pistas y luego dibujen la figura descrita en las pistas. *Tengo más de 1 superficie plana. Me puedo apilar sobre otra figura. Puedo rodar. ¿Qué sólido soy?* **6** escriban el número que indica cuántos bloques de patrón de triángulo pueden cubrir toda la figura; **7** escuchen las pistas, marquen con una X las figuras que NO se correspondan con las pistas y luego encierren en un círculo la figura descrita en las pistas. *Soy una figura plana. Tengo 4 lados rectos. Dos de mis lados son más cortos que los otros dos lados. ¿Qué figura soy?*

Copyright © Savvas Learning Company LLC. All Rights Reserved.
Tema 13 | Práctica para la evaluación

Nombre _____

 1

2

3
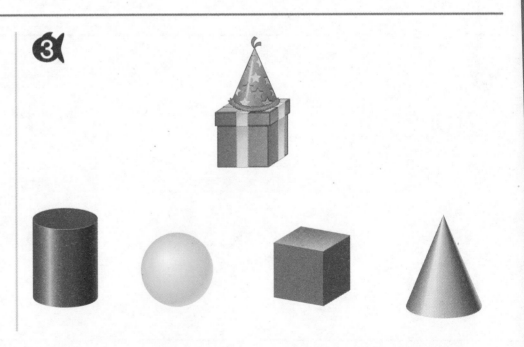

Instrucciones **La fiesta de Fiona** Diga: *Fiona prepara una fiesta para sus amigos. Estos son algunos objetos de la fiesta.* Pida a los estudiantes que: ⭐ encierren en un círculo los objetos que se pueden deslizar. Pídales que digan en qué se diferencian las formas de estos objetos de las de los otros objetos. Luego, pida a los estudiantes que marquen con una X los objetos que son cilindros; ❷ dibujen la superficie plana de un cilindro y luego nombren esa figura. ❸ Diga: *Fiona pone su sombrerito de fiesta encima de un regalo.* Pida a los estudiantes que encierren en un círculo los sólidos que se podrían usar para construir la misma figura. Si es necesario, los estudiantes pueden usar herramientas como ayuda.

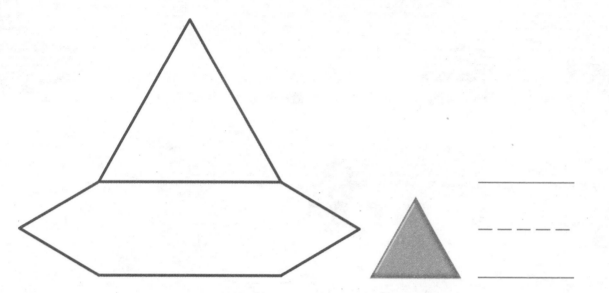

Instrucciones 🍀 Diga: *Fiona arma un rompecabezas para sus amigos. Ella usa bloques de patrón para hacer esta nave espacial. Muestren cómo arma Fiona su rompecabezas.* Pida a los estudiantes que usen bloques de patrón para cubrir la nave espacial y luego dibujen las líneas que conforman la nave. Pídales que escriban el número que indica cuántos bloques de patrón de cada tipo usaron. ✋ Diga: *Fiona juega un juego en la fiesta. Les da pistas a sus amigos y ellos tienen que adivinar en qué figura está pensando. Fiona les da estas pistas:* El objeto NO es un sólido. El objeto NO es redondo. El objeto tiene 3 lados. Pida a los estudiantes que marquen con una X los objetos que NO se corresponden con las pistas, encierren en un círculo el objeto que describe Fiona y luego nombren la figura de ese objeto.

Copyright © Savvas Learning Company LLC. All Rights Reserved.

Describir y comparar atributos medibles

Pregunta esencial: ¿Cómo se puede describir y comparar objetos según su longitud, altura, capacidad y peso?

Sombra

Las estructuras proveen sombra.

Proyecto de ënVision STEM: Usar materiales para crear sombra

Instrucciones Lea el diálogo a los estudiantes. **¡Investigar!** Pida a los estudiantes que investiguen diferentes maneras de crear sombra. Diga: *Podemos usar materiales para crear sombra. Hablen con sus amigos y familiares sobre las diferentes maneras en que los seres humanos crean sombra.* **Diario: Hacer un cartel** Pida a los estudiantes que hagan un cartel que muestre varios objetos que los seres humanos usan para crear sombra. Pídales que dibujen tres maneras de crear sombra.

Nombre _____

Repasa lo que sabes

 1

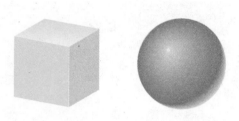

 2

 3

 4

5

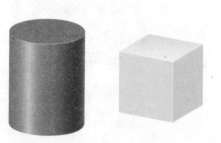

 6

Instrucciones Pida a los estudiantes que: **1** encierren en un círculo el cubo; **2** encierren en un círculo el cilindro; **3** encierren en un círculo el cono; **4** encierren en un círculo el sólido que se puede apilar; **5** encierren en un círculo el sólido que puede rodar; **6** encierren en un círculo el sólido que se puede deslizar.

Escoge un proyecto

A

B

Instrucciones   Diga: *Escogerán uno de los siguientes proyectos. Miren la imagen* **A**. *Piensen en esta pregunta: ¿Saben cuánto han crecido desde que eran bebés? Si escogen el Proyecto A, harán una representación sobre el tamaño de la mano. Miren la imagen* **B**. *Piensen en esta pregunta: ¿Qué tipo de arte es este? Si escogen el Proyecto B, construirán una escultura con pajillas.*

Instrucciones Diga: *Escogerán uno de los siguientes proyectos. Miren la imagen **C**. Piensen en esta pregunta: ¿Les gustaría ser la persona más alta del mundo? Si escogen el Proyecto C, trazarán el contorno de la suela de sus pies y las medirán. Miren la imagen **D**. Piensen en esta pregunta: ¿Cuál es el animal más grande de la Tierra? Si escogen el Proyecto D, crearán un cartel de mamíferos.*

 Copyright © Savvas Learning Company LLC. All Rights Reserved. **Tema 14** | Escoge un proyecto

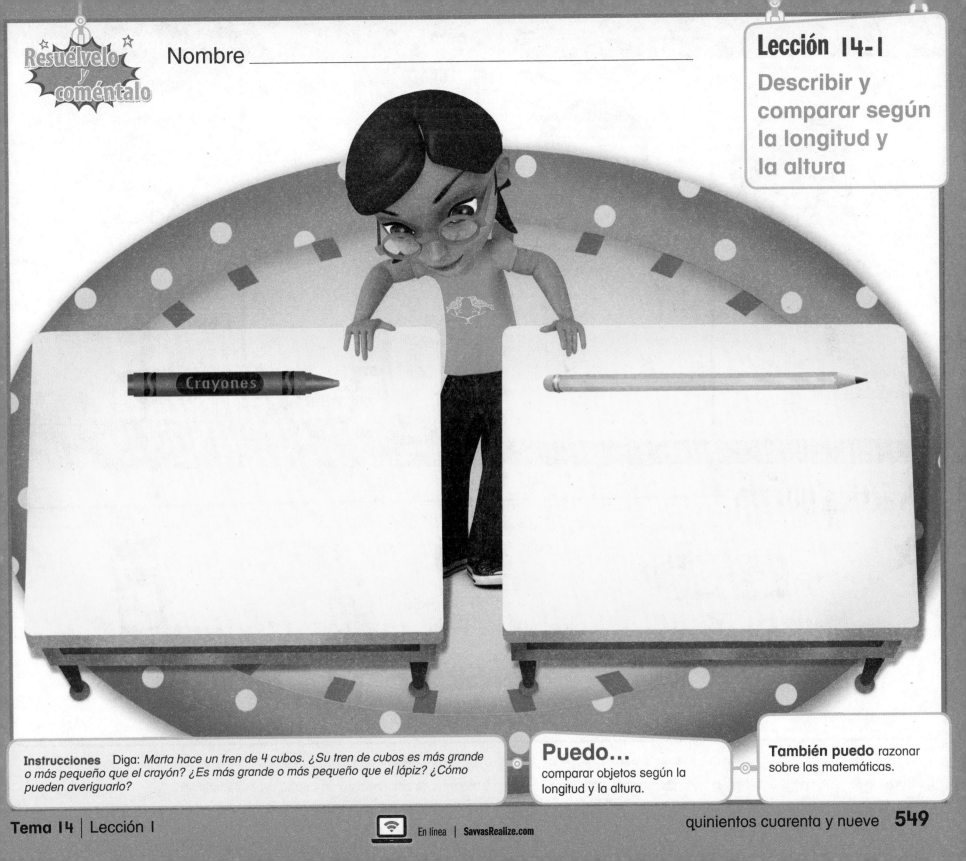

Resuélvelo y coméntalo

Nombre _____

Lección 14-1

Describir y comparar según la longitud y la altura

Crayones

Instrucciones Diga: *Marta hace un tren de 4 cubos. ¿Su tren de cubos es más grande o más pequeño que el crayón? ¿Es más grande o más pequeño que el lápiz? ¿Cómo pueden averiguarlo?*

Puedo...
comparar objetos según la longitud y la altura.

También puedo razonar sobre las matemáticas.

Práctica guiada

Instrucciones Pida a los estudiantes que: 1 marquen con una X el objeto más corto; 2 encierren en un círculo el objeto más alto.

Copyright © Savvas Learning Company LLC. All Rights Reserved.

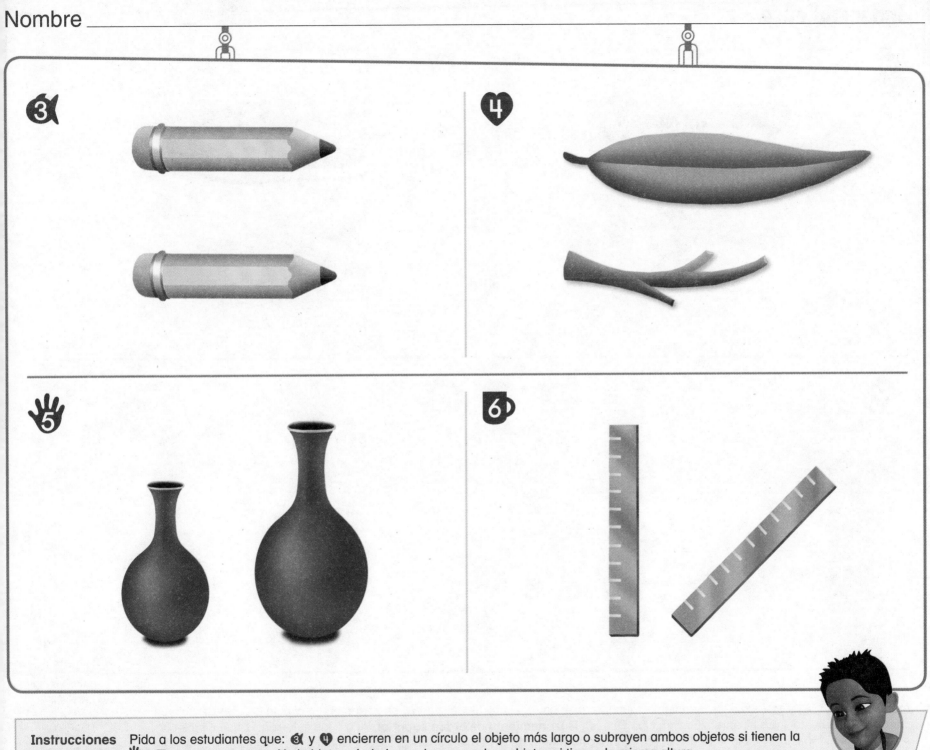

Instrucciones Pida a los estudiantes que: ❸ y ❹ encierren en un círculo el objeto más largo o subrayen ambos objetos si tienen la misma longitud; ❺ y ❻ marquen con una X el objeto más bajo o subrayen ambos objetos si tienen la misma altura.

7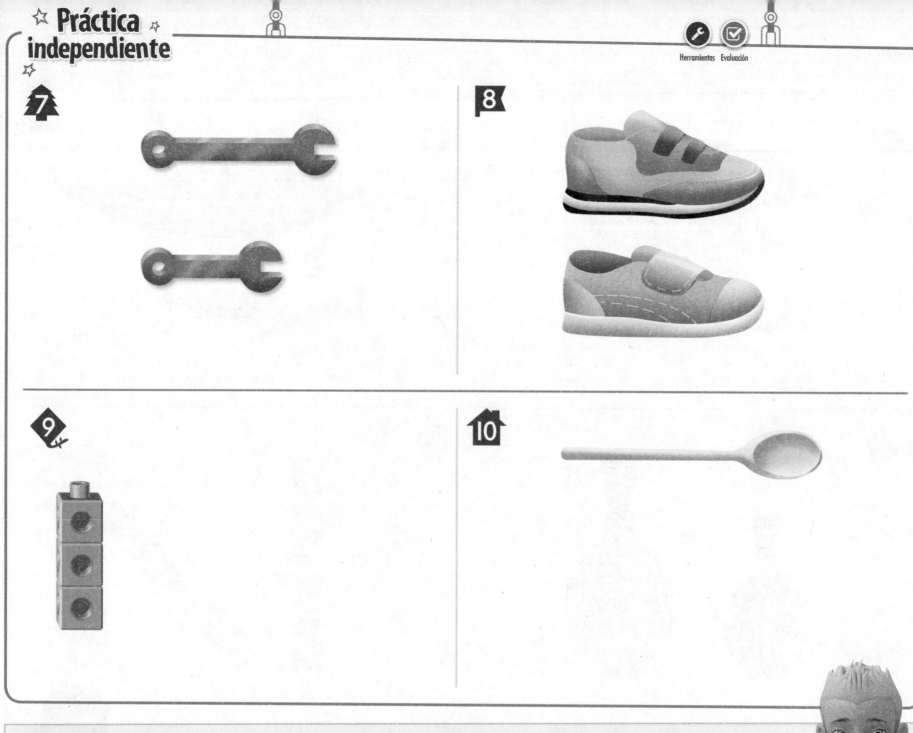

8

9

10

Instrucciones **7** y **8** Pida a los estudiantes que marquen una X el objeto más corto y encierren en un círculo el objeto más largo o subrayen ambos objetos si tienen la misma longitud. **9** **Razonamiento de orden superior** Pida a los estudiantes que dibujen un objeto que sea más bajo que la torre de cubos. **10** **Razonamiento de orden superior** Pida a los estudiantes que dibujen un objeto que tenga la misma longitud que la cuchara.

Copyright © Savvas Learning Company LLC. All Rights Reserved.

Nombre _____

Instrucciones Diga: *Marta tiene 2 tazas. Quiere usar la taza que contiene más. ¿Cómo puede averiguar qué taza contiene más? Peguen la taza que contiene menos en el lado izquierdo del armario y la taza que contiene más en el lado derecho.*

Puedo...
describir y comparar objetos según la capacidad.

También puedo razonar sobre las matemáticas.

⭐ Práctica guiada

Instrucciones ❶ y ❷ Pida a los estudiantes que encierren en un círculo el recipiente que contiene más y marquen con una X el recipiente que contiene menos o subrayen los dos recipientes si contienen la misma cantidad.

Copyright © Savvas Learning Company LLC. All Rights Reserved.

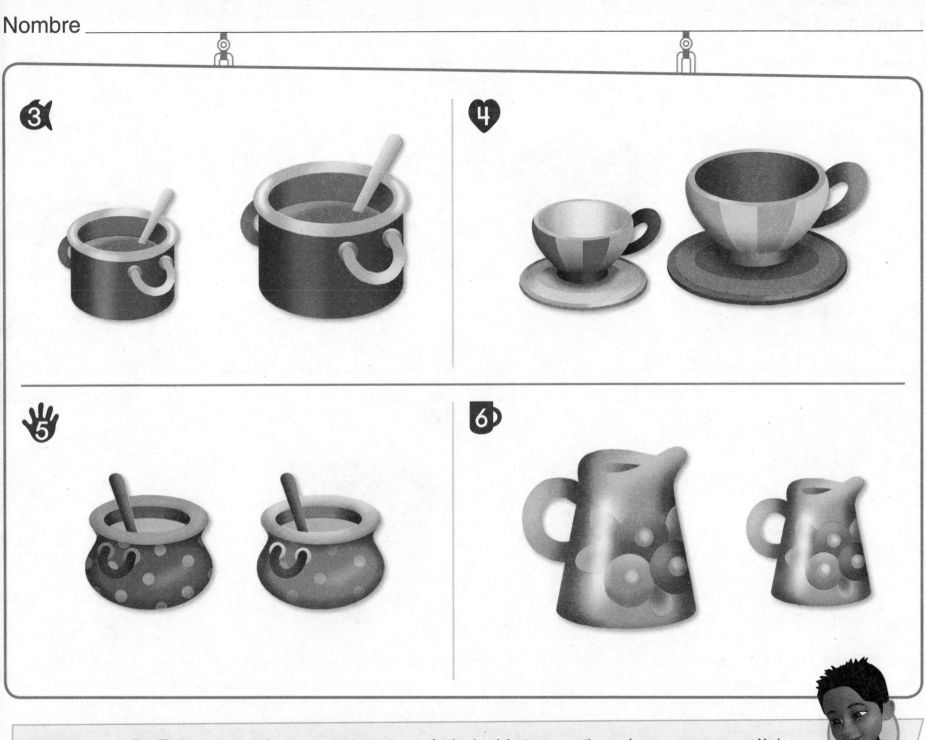

Instrucciones ❸ a ❻ Pida a los estudiantes que encierren en un círculo el recipiente que contiene más y marquen con una X el recipiente que contiene menos o subrayen los dos recipientes si contienen la misma cantidad.

Tema 14 | Lección 2   quinientos cincuenta y cinco   **555**

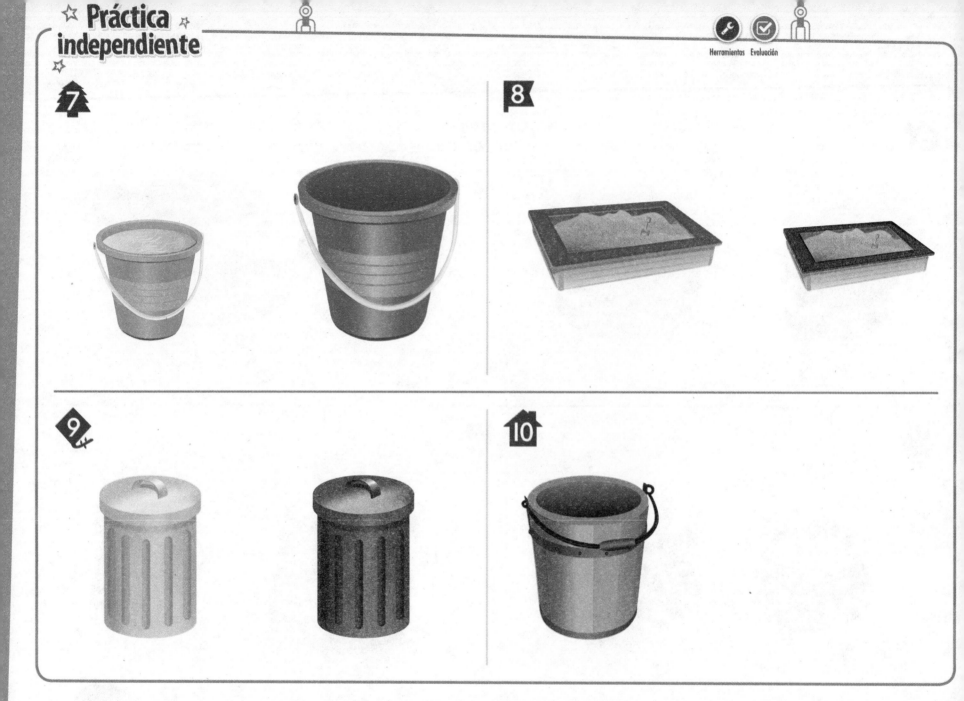

Instrucciones 🌲 y 🚩 Pida a los estudiantes que encierren en un círculo el recipiente que contiene más y marquen con una X el recipiente que contiene menos o subrayen los dos recipientes si contienen la misma cantidad. 🟩 **Vocabulario** Pida a los estudiantes que encierren en un círculo el recipiente que tiene mayor **capacidad** y marquen con una X el recipiente que tiene menor **capacidad** o subrayen los dos recipientes si tienen la misma **capacidad**. Luego, pídales que expliquen cómo lo saben. 🏠 **Razonamiento de orden superior** Pida a los estudiantes que dibujen un recipiente que contenga menos que el recipiente que se muestra.

Copyright © Savvas Learning Company LLC. All Rights Reserved.

Resuélvelo y coméntalo

Nombre _____

Lección 14-3

Describir y comparar según el peso

Instrucciones Diga: *Marta tiene un lápiz y un libro. Quiere guardar el objeto más liviano en su mochila. ¿Cómo puede saber qué objeto es más liviano? Dibujen los objetos en la parte de la balanza que corresponda.*

Puedo...

describir y comparar objetos según el peso.

También puedo razonar sobre las matemáticas.

Práctica guiada

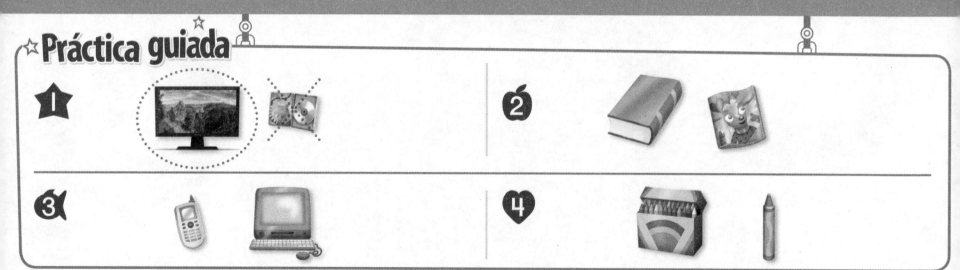

Instrucciones ⭐ a ❤ Pida a los estudiantes que encierren en un círculo el objeto más pesado y marquen con una X el objeto más liviano o subrayen ambos objetos si pesan lo mismo.

Copyright © Savvas Learning Company LLC. All Rights Reserved.

Tema 14 | Lección 3

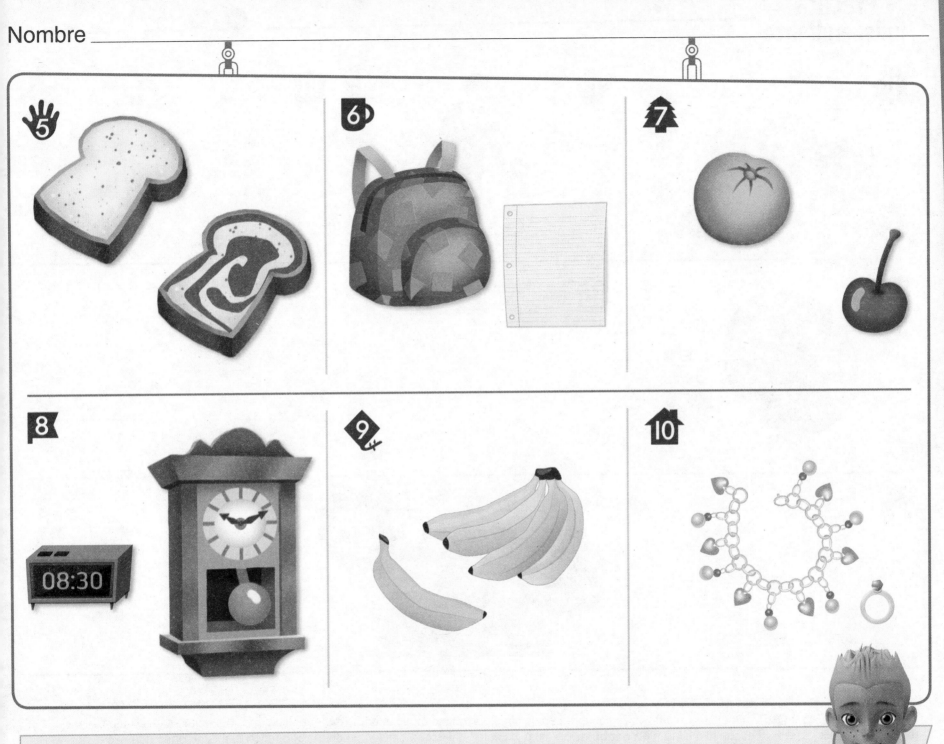

Instrucciones 🖐5 a 🏠10 Pida a los estudiantes que encierren en un círculo el objeto más pesado y marquen con una X el objeto más liviano o subrayen ambos objetos si pesan lo mismo.

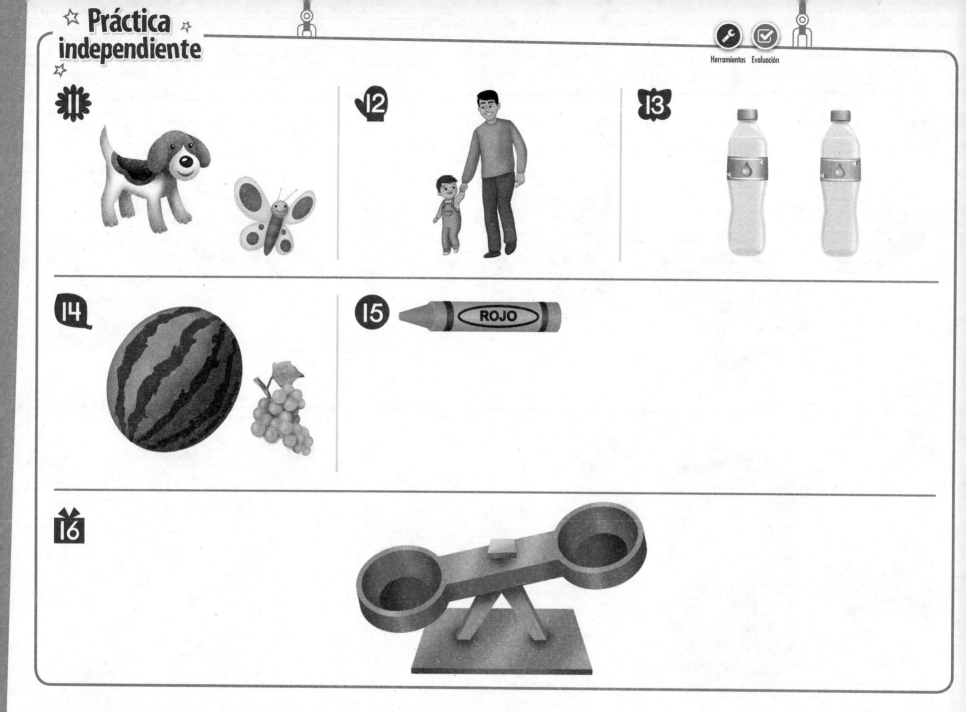

Copyright © Savvas Learning Company LLC. All Rights Reserved.

Tema 14 | Lección 3

Instrucciones ❇ a 🔟 Pida a los estudiantes que encierren en un círculo el objeto más pesado y marquen con una X el objeto más liviano o subrayen los dos objetos si pesan lo mismo. 🔟 **Vocabulario** Pida a los estudiantes que dibujen un objeto que tenga el mismo **peso** que el crayón. 🔟 **Razonamiento de orden superior** Pida a los estudiantes que dibujen 2 objetos. Deben dibujar el objeto más pesado al lado de la parte más baja de la balanza y el objeto más liviano al lado de la parte más alta de la balanza.

Instrucciones Diga: *Estos objetos son 2 herramientas para medir. ¿Qué pueden medir con la taza? ¿Qué pueden medir con el tren de cubos? Dibujen un objeto que puedan medir con cada herramienta.*

Puedo...
describir los atributos medibles de diferentes objetos.

También puedo escoger y usar herramientas correctamente.

Práctica guiada

1

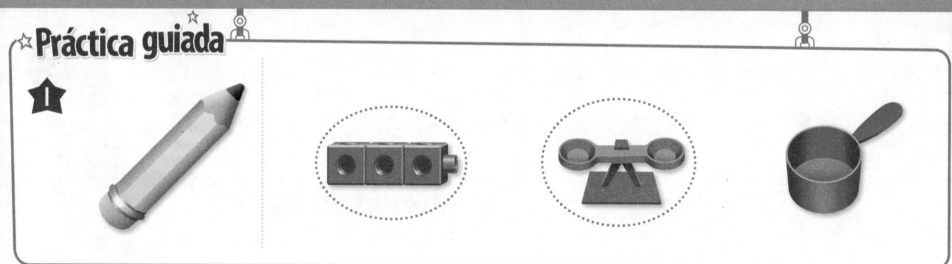

Instrucciones ⭐ Pida a los estudiantes que miren el objeto de la izquierda, identifiquen los atributos que se pueden medir y luego encierren en un círculo las herramientas que se podrían usar para describir esos atributos.

Copyright © Savvas Learning Company LLC. All Rights Reserved.

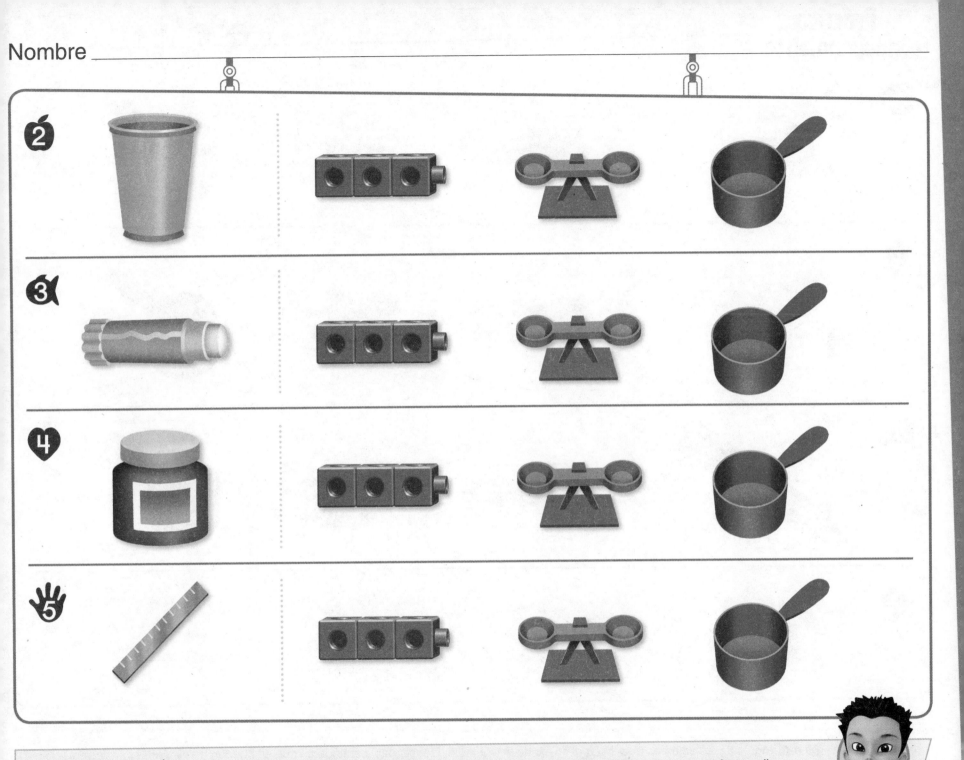

Instrucciones ② a ✋ Pida a los estudiantes que miren el objeto de la izquierda, identifiquen los atributos que se pueden medir y luego encierren en un círculo las herramientas que se podrían usar para describir esos atributos.

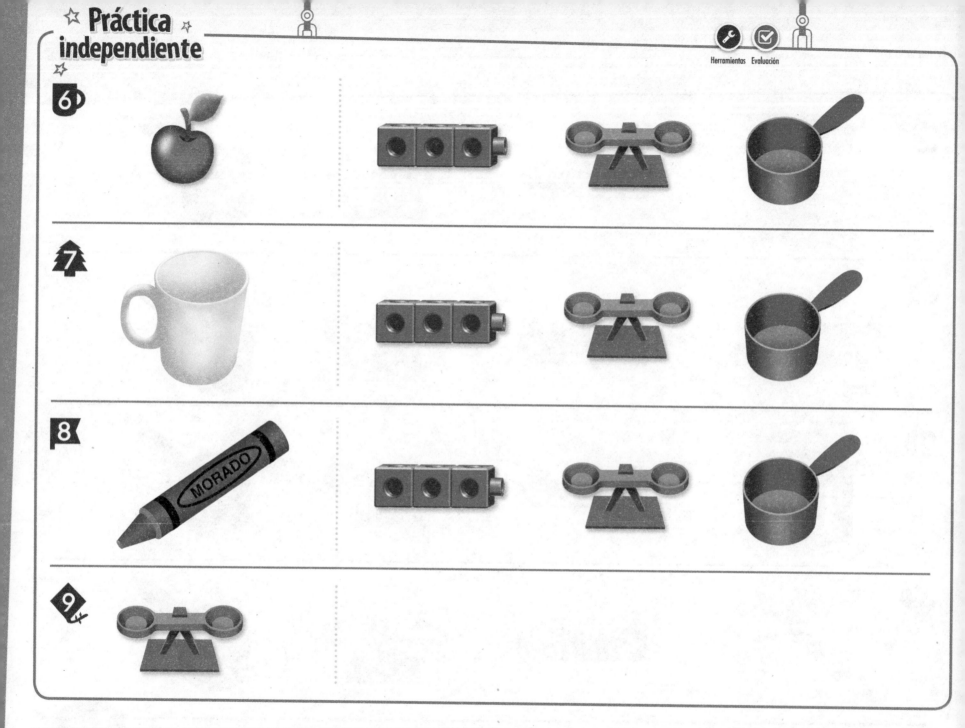

6

7

8

9

Instrucciones **6** a **8** Pida a los estudiantes que miren el objeto de la izquierda, identifiquen los atributos que se pueden medir y luego encierren en un círculo las herramientas que se podrían usar para describir esos atributos. **9** **Razonamiento de orden superior** Pida a los estudiantes que identifiquen el atributo que se puede medir con la herramienta de la izquierda y luego dibujen 2 objetos que se podrían medir con esa herramienta.

564 quinientos sesenta y cuatro   Copyright © Savvas Learning Company LLC. All Rights Reserved.   **Tema 14** | **Lección 4**

Nombre _____

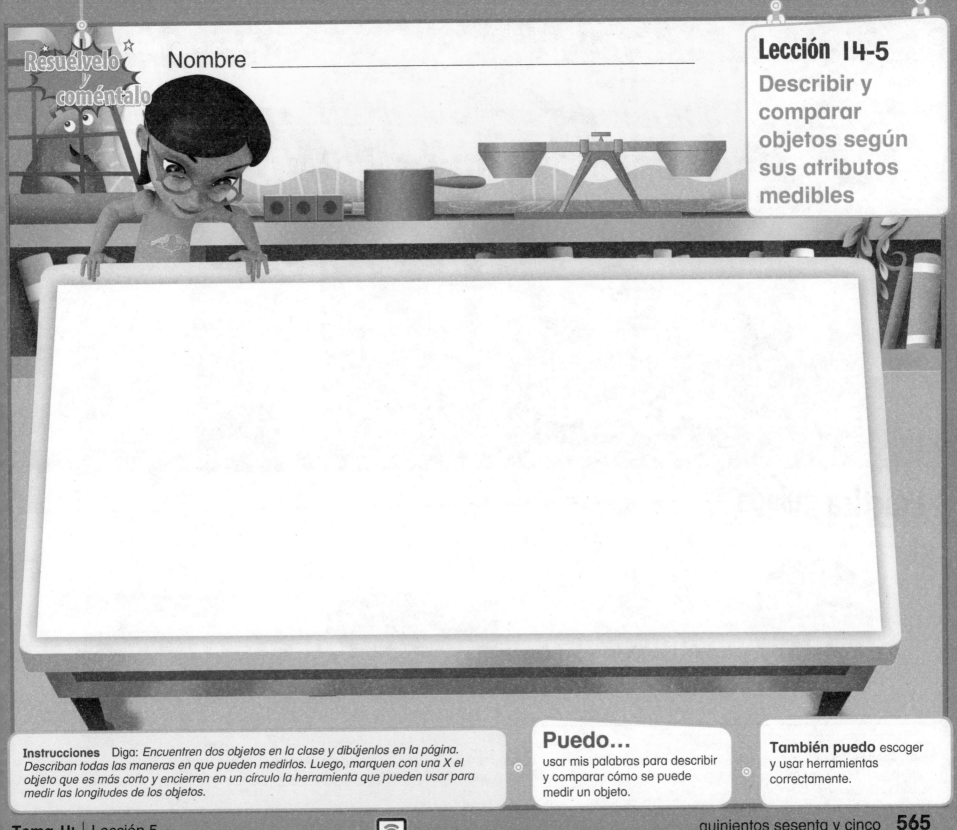

Instrucciones Diga: *Encuentren dos objetos en la clase y dibújenlos en la página. Describan todas las maneras en que pueden medirlos. Luego, marquen con una X el objeto que es más corto y encierren en un círculo la herramienta que pueden usar para medir las longitudes de los objetos.*

Puedo...
usar mis palabras para describir y comparar cómo se puede medir un objeto.

También puedo escoger y usar herramientas correctamente.

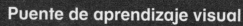

Práctica guiada

1

Instrucciones ⭐ Pida a los estudiantes que observen los objetos del lado izquierdo e identifiquen los atributos que pueden medirse. Luego, pídales que marquen con una X el objeto que es más liviano o subrayen ambos objetos si pesan lo mismo. Diga: *¿Qué herramienta pueden usar para saber el peso de los objetos? Enciérrenla en un círculo.*

566 quinientos sesenta y seis

Copyright © Savvas Learning Company LLC. All Rights Reserved.

Tema 14 | Lección 5

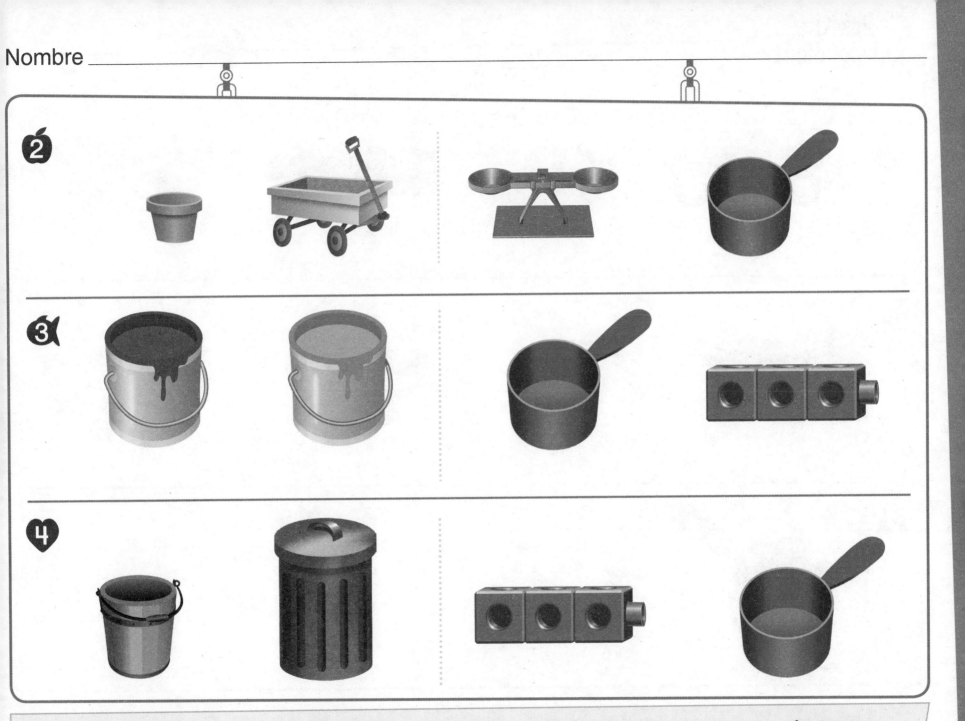

2

3

4

Instrucciones Pida a los estudiantes que observen los objetos del lado izquierdo e identifiquen los atributos que pueden medirse. **2** a **3** Luego, pídales que marquen con una X el objeto que tiene menor capacidad o subrayen los dos objetos si tienen la misma capacidad. Diga: *¿Qué herramienta pueden usar para medir la capacidad de los objetos? Enciérrenla en un círculo.* **4** Luego, pida a los estudiantes que encierren en un círculo el objeto que tiene mayor capacidad o subrayen los dos objetos si tienen la misma capacidad. Diga: *Encierren en un círculo la herramienta que puede usarse para medir la capacidad de un objeto. Expliquen cómo lo saben.*

Herramientas Evaluación

Instrucciones ✋ y 🔟 Pida a los estudiantes que observen los objetos del lado izquierdo e identifiquen los atributos que pueden medirse. Luego, pídales que encierren en un círculo el objeto más pesado o subrayen ambos objetos si pesan lo mismo. Diga: *¿Qué herramienta pueden usar para saber el peso de los objetos? Enciérrenla en un círculo.* 🔟 **Razonamiento de orden superior** Pida a los estudiantes que dibujen en el lado izquierdo un objeto que pueda medirse usando la herramienta que se muestra. Luego, pídales que dibujen en el lado derecho un objeto que NO pueda medirse usando la herramienta que se muestra.

568 quinientos sesenta y ocho

Copyright © Savvas Learning Company LLC. All Rights Reserved.

Tema 14 | Lección 5

Resuélvelo y coméntalo

Nombre _____

Piensa.

3 ▪◉▪

Puedo...
resolver problemas de matemáticas sobre objetos con atributos medibles con precisión.

También puedo comparar objetos según la longitud.

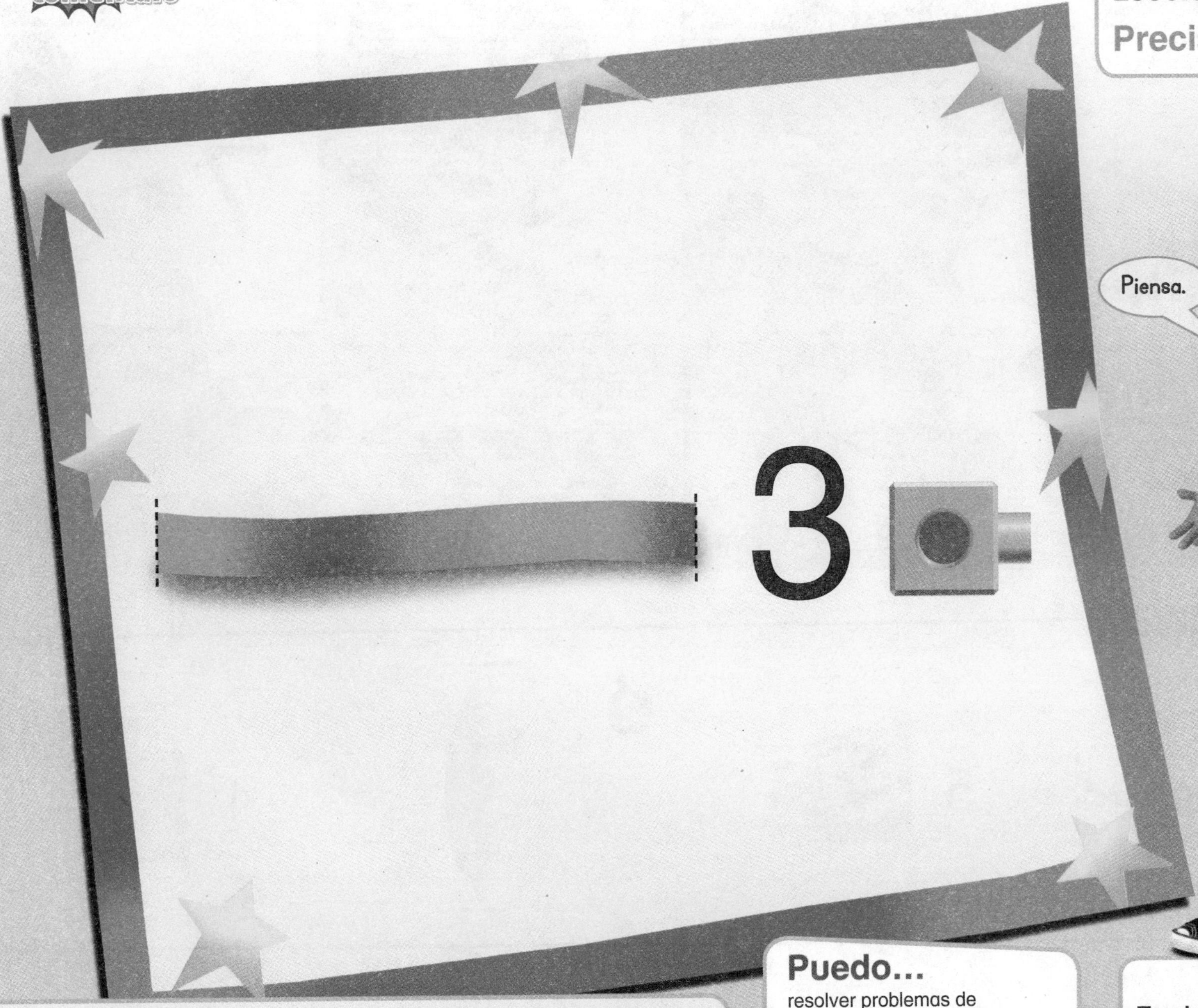

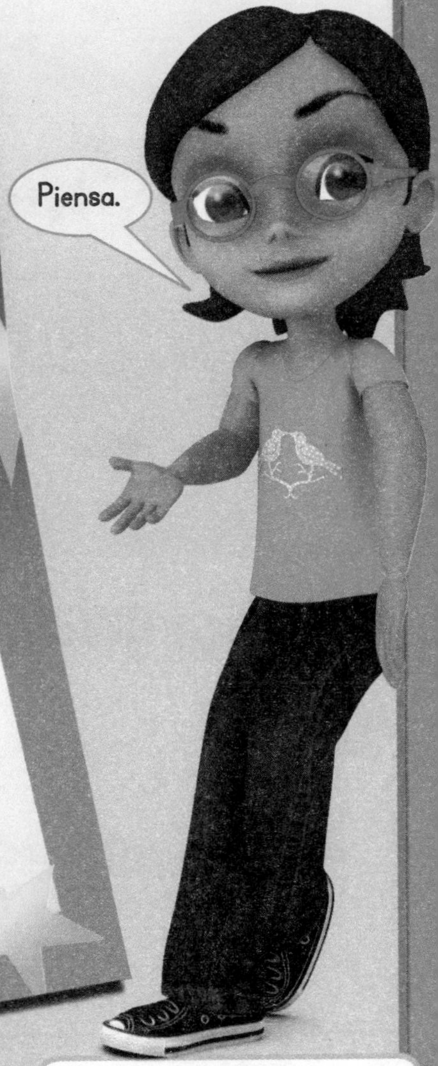

Instrucciones Diga: *Marta quiere comparar la longitud de una cinta con la longitud de un tren de cubos para luego encerrar en un círculo el que sea más corto. ¿Cómo puede hacerlo? Expliquen dónde colocaron el tren de cubos en la página y por qué.*

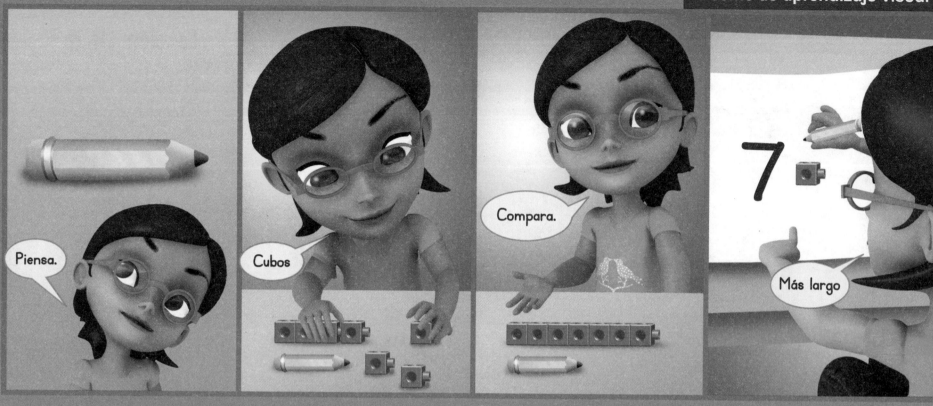

Práctica guiada

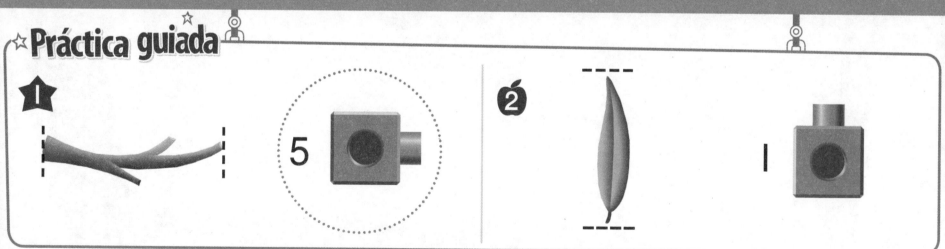

Instrucciones Pida a los estudiantes que: ★ formen un tren de cubos con la cantidad de cubos que se muestra, comparen la longitud del tren de cubos con el objeto y luego encierren en un círculo el que sea más largo; ❷ formen una torre de cubos con la cantidad de cubos que se muestra, comparen la altura de la torre de cubos con el objeto y luego encierren en un círculo el que sea más alto.

Copyright © Savvas Learning Company LLC. All Rights Reserved.

Nombre _____

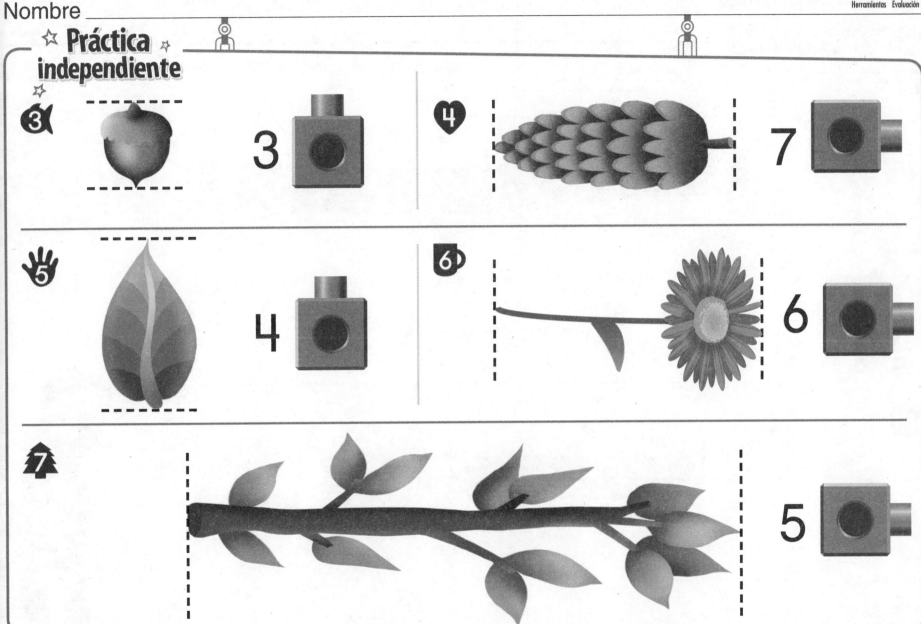

3 — 3

4 — 7

5 — 4

6 — 6

7 — 5

Instrucciones Pida a los estudiantes que formen un tren de cubos o una torre de cubos con la cantidad de cubos que se muestra. Luego, pídales que: **3** comparen la altura de la torre de cubos con la bellota y luego encierren en un círculo el que sea más alto; **4** comparen la longitud de la piña con el tren de cubos y marquen con una X el que sea más corto; **5** comparen la altura de la torre de cubos con la hoja y luego encierren en un círculo el que sea más alto; **6** comparen la longitud de la flor con el tren de cubos y marquen con una X el que sea más corto; **7** comparen la longitud del tren de cubos con la ramita y luego encierren en un círculo el que sea más largo.

Resolución de problemas

8 **9**

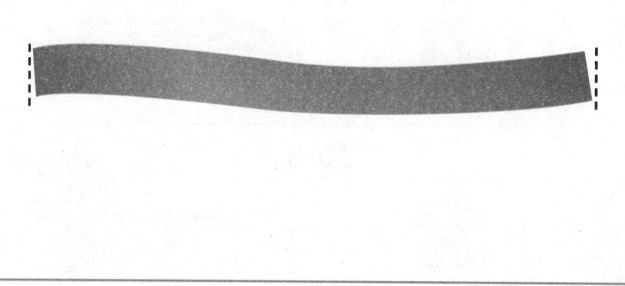

_____

- - - - - - - -

_____

10

Instrucciones Lea el problema en voz alta. Luego, pida a los estudiantes que usen diferentes prácticas matemáticas para resolverlo. Diga: _Alex tiene un pedazo de cinta. Quiere formar un tren de cubos que sea más largo que la cinta. ¿Cuántos cubos de longitud tendrá el tren de cubos?_ **8 Usar herramientas** _¿Qué herramienta pueden usar como ayuda para resolver el problema? Formen un tren de cubos más largo que el pedazo de cinta morada y luego escriban la cantidad de cubos que hay en el tren. Expliquen su respuesta._ **9 Hacerlo con precisión** _¿Por qué es importante contar los cubos?_ **10 Explicar** _Carlos dice que hizo un tren de cubos que mide 3 cubos de longitud y que es más largo que la cinta anaranjada. ¿Tiene razón? ¿Cómo lo saben?_

Copyright © Savvas Learning Company LLC. All Rights Reserved.

⭐①

5 − 1	2 + 3	1 + 2	1 + 1	4 − 4
5 − 5	1 + 4	0 + 1	0 + 3	2 + 1
2 − 1	5 + 0	5 − 3	1 + 3	3 − 0
4 + 0	3 + 2	5 − 2	5 − 4	2 + 0
1 − 1	0 + 5	2 + 3	4 + 1	5 − 0

🍎②

_____

— — — — —

_____

Instrucciones Pida a los estudiantes que: ⭐ coloreen los recuadros que tengan una suma o diferencia igual a 5; ② escriban la letra que ven.

Puedo... sumar y restar con fluidez hasta el 5.

También puedo hacer mi trabajo con precisión.

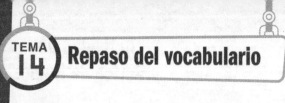

TEMA 14 — Repaso del vocabulario

A-Z Glosario

⭐ 1

🍎 2

3 ⭐

❤ 4

✋ 5

Instrucciones   Comprender el vocabulario Pida a los estudiantes que: ⭐ encierren en un círculo la herramienta que mide la **longitud**; 🍎 encierren en un círculo el objeto **más largo**; ⭐ marquen con una X el recipiente que tiene menor **capacidad**; ❤ dibujen un objeto que tenga la misma **altura** que los cubos; ✋ encierren en un círculo el grupo de animales que puedan tener el mismo **peso**.

574 quinientos setenta y cuatro

Copyright © Savvas Learning Company LLC. All Rights Reserved.

Tema 14 | Repaso del vocabulario

Nombre _____

Grupo A

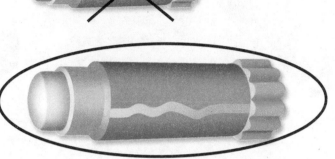

★ 1

Grupo B

② 2

Instrucciones Pida a los estudiantes que: ★ encierren en un círculo la flor más alta y marquen con una X la flor más baja; ② encierren en un círculo la cubeta que contiene más agua y luego marquen con una X la cubeta que contiene menos agua.

Grupo C

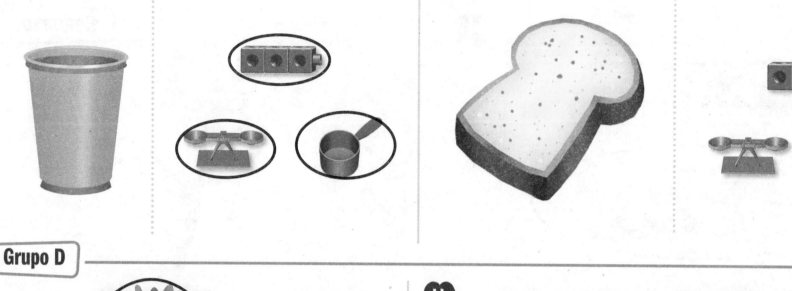

Grupo D

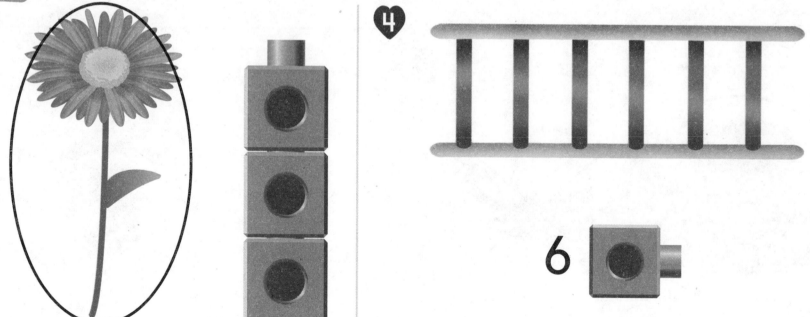

Instrucciones Pida a los estudiantes que: ❸ miren el objeto a la izquierda e identifiquen los atributos que podrían medirse. Luego, pida a los estudiantes que encierren en un círculo la(s) herramienta(s) que podría(n) usarse para describir los atributos; ❹ formen un tren de cubos con la cantidad de cubos que se muestra, comparen la longitud del tren de cubos con el objeto y luego encierren en un círculo el que sea más largo.

Copyright © Savvas Learning Company LLC. All Rights Reserved.

Nombre _____

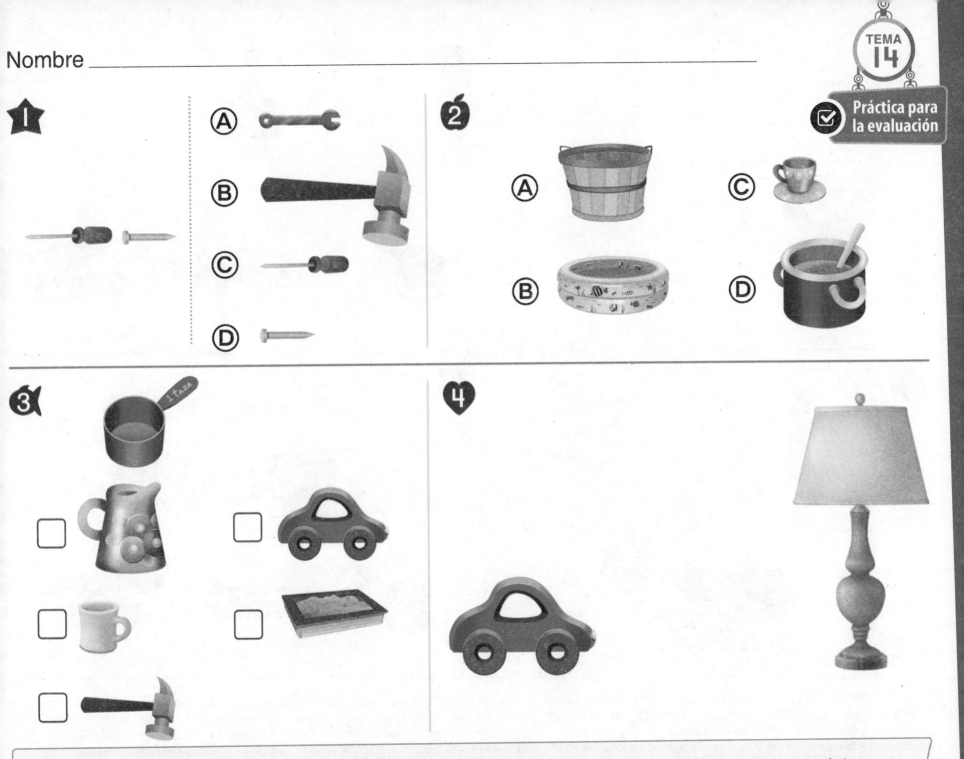

⭐ 1

Ⓐ

Ⓑ

Ⓒ

Ⓓ

🍎 2

Ⓐ

Ⓑ

Ⓒ

Ⓓ

⭐ 3

☐

☐

☐

☐

☐

❤ 4

Instrucciones Pida a los estudiantes que marquen la mejor respuesta. ⭐ ¿Qué objeto es más corto que el objeto de la izquierda pero más largo que el objeto de la derecha? 🍎 ¿Cuál es el objeto que contiene menos? ⭐ Marquen los tres objetos que se pueden medir con la herramienta que se muestra. ❤ Pida a los estudiantes que dibujen un objeto que sea más alto que un carro de juguete pero más bajo que una lámpara.

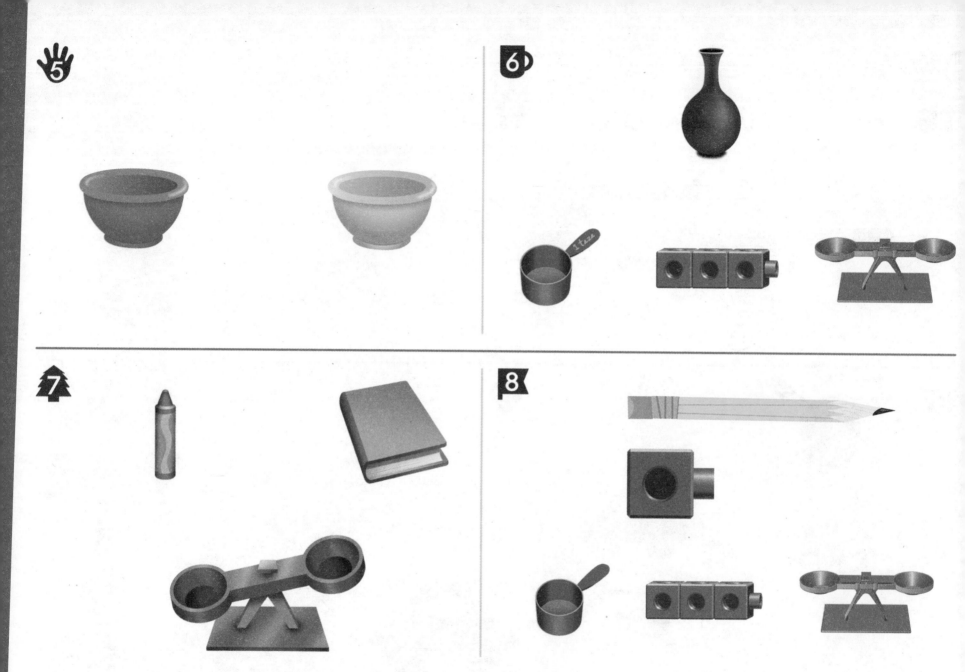

Instrucciones Pida a los estudiantes que: ✋ encierren en un círculo el recipiente que tiene mayor capacidad o subrayen ambos recipientes si tienen la misma capacidad; 6 miren el objeto e identifiquen los atributos que se pueden medir. Luego, pídales que encierren en un círculo la(s) herramienta(s) que se podría(n) usar para medir la capacidad; 🌲 comparen los objetos y luego unan con una línea el objeto más pesado con la parte más baja de la balanza y el objeto más liviano con la parte más alta de la balanza; 8 miren los dos objetos; encierren en un círculo el objeto que es más pesado o subrayen ambos objetos si pesan lo mismo. Luego, pídales que encierren en un círculo la(s) herramienta(s) que se podría(n) usar para indicar el peso de cada uno de los objetos.

Copyright © Savvas Learning Company LLC. All Rights Reserved.

Tema 14 | Práctica para la evaluación

Nombre _____

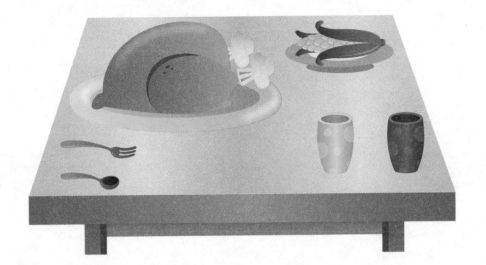

 ②

③

Instrucciones **¡Hora de cenar!** Diga: *Teodoro ayuda a su papá a preparar la cena. Ellos usan diferentes cosas de la cocina.* Pida a los estudiantes que: ★ miren el tenedor y la cuchara, y luego encierren en un círculo el objeto más largo y marquen con una X el objeto más corto; ② miren la taza amarilla y la taza roja, y luego marquen con una X la taza que contiene menos o subrayen ambas tazas si contienen la misma cantidad. Luego, pídales que dibujen un recipiente que pueda contener más cantidad que la taza roja; ③ miren el pavo y el maíz y luego encierren en un círculo el objeto más pesado o subrayen ambos objetos si pesan lo mismo. Luego, pídales que dibujen un objeto que pese menos que el maíz.

4

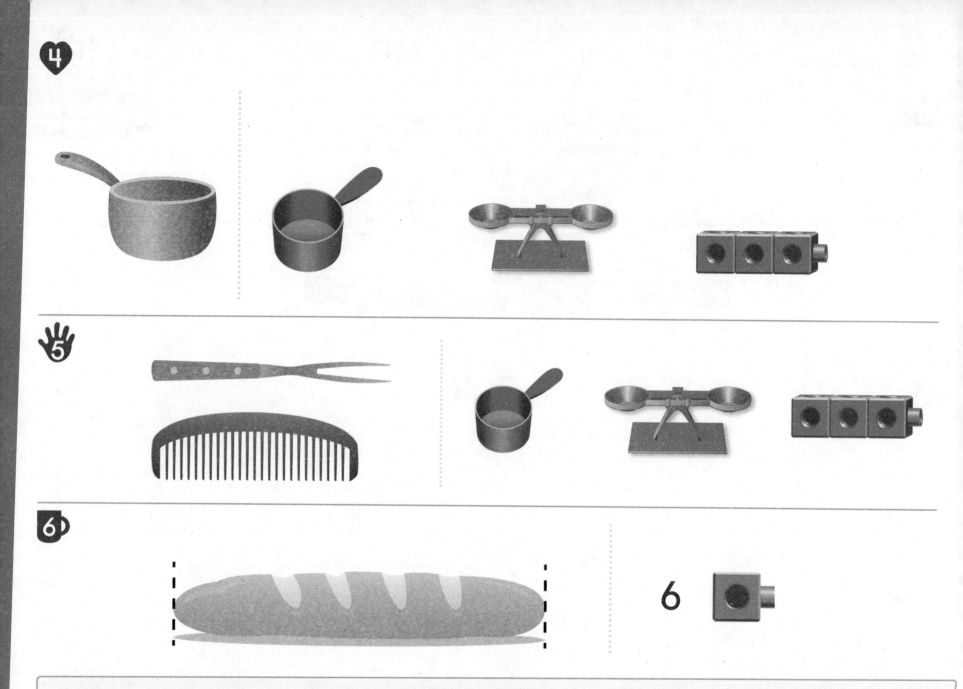

5

6

6

Instrucciones **4** Diga: *Teodoro y su papá usarán esta sartén. ¿Qué atributos podrían medir con la sartén?* Pida a los estudiantes que encierren en un círculo la(s) herramienta(s) que se podría(n) usar para describir esos atributos. **5** Pida a los estudiantes que miren los dos objetos y encierren en un círculo el objeto más largo o subrayen ambos objetos si tienen la misma longitud. Luego, pídales que encierren en un círculo la(s) herramienta(s) que se podría(n) usar para indicar la longitud de cada uno de los objetos. **6** Diga: *Teodoro y su papá comerán este pan para la cena.* Pida a los estudiantes que formen un tren de cubos con la cantidad de cubos que se muestra y dibujen el tren de cubos. Pídales que comparen la longitud del tren de cubos con la del pan y luego encierren en un círculo el objeto más largo.

Copyright © Savvas Learning Company LLC. All Rights Reserved.

enVision® Matemáticas

Fotografías

Every effort has been made to secure permission and provide appropriate credit for photographic material. The publisher deeply regrets any omission and pledges to correct errors called to its attention in subsequent editions.

Unless otherwise acknowledged, all photographs are the property of Savvas Learning Company LLC.

Photo locators denoted as follows: Top (T), Center (C), Bottom (B), Left (L), Right (R), Background (Bkgd)

1 Jorge Salcedo/Shutterstock; **3** (T) Leighton Photography & Imaging/Shutterstock, (C) FatCamera/iStock/Getty Images, (B) Amy Cicconi/Alamy Stock Photo; **4** Rawpixel/Shutterstock, Peacorx/Shutterstock, Yulia Sverdlova/Shutterstock; **57** (L) Evgeny Murtola/Shutterstock, (R) 2rut/Shutterstock; **59** (T) Aleksey Stemmer/Shutterstock, (B) Pedro Turrini Neto/ Shutterstock; **60** (T) Loan Florin Cnejevici/123RF, (B) KPG_ Payless/Shutterstock; **89** Michal Kolodziejczyk/Fotolia; **91** (T) Carterdayne/E+/Getty Images, (C) Ssuaphotos/ Shutterstock, (B) Cdwheatley/iStock/Getty Images; **92** Owen Franken/Alamy Stock Photo, Evgeny Karandaev/Shutterstock; **137** James Insogna/Fotolia; **139** (T) LightField Studios/ Shutterstock, (B) Daniel Reiter/Alamy Stock Photo; **140** (T) Dmitro2009/ Shutterstock, (B) Ian Dagnall/Alamy Stock Photo; **169** Christopher Elwell/Shutterstock; **171** (T) Yui/Shutterstock, (C) Monkey Business Images/Shutterstock, (B) Ted Foxx/Alamy Stock Photo; **172** Best dog photo/Shutterstock, Creative Stock Exchange/Shutterstock; **197** Tankist276/Shutterstock; **199** (T) Frank Krahmer/Radius Images/Getty Images, (B) Sean Pavone/ Shutterstock; **200** (T) Wisanu_nuu/Shutterstock, (B) Phonix_a Pk.sarote/Shutterstock; **245** Shutterstock; **247** (T) Helen Marsden christmassowhite/DigitalVision/Getty Images, (C) 21singha/Shutterstock, (B) Engel Ching/Alamy Stock Photo; **248** Leonori/Shutterstock, Gts/Shutterstock, Sarawut Aiemsinsuk/Shutterstock; **289** Winai Tepsuttinun/Shutterstock; **291** (T) Chesh/Alamy Stock Photo, (B) Irina Fischer/ Shutterstock; **292** (T) Vovan/Shutterstock, (B) Ron Zmiri/ Shutterstock; **345** Somdul/Shutterstock; **347** (T) Pixpack/123RF, (C) Delpixel/Shutterstock, (B) Dobermaraner/Shutterstock; **348** 5second/123RF, Elena Zajchikova/Shutterstock; **385** Turbojet/Shutterstock; **387** (T) Oliveromg/Shutterstock (B) Daniel Mortell/123RF; **388** (T) Inna Reznik/Shutterstock (B) Robert F. Leahy/Shutterstock; **429** Andrey Pavlov/Shutterstock; **431** (T) Nattawat Kaewjirasit/Shutterstock, (C) Africa Studio/ Shutterstock, (B) Evru/Shutterstock; **432** Anatoli Styf/ Shutterstock, Romsvetnik/Shutterstock; **461** Eugene Sergeev/ Shutterstock; **463** (T) Robert McGouey/Alamy Stock Photo, (B) ESB Professional/Shutterstock; **464** (T) Olga Ezdakova/ Shutterstock, (B) Milena Ugrinova/Shutterstock; **505** Michael Flippo/Fotolia; **507** (T) Monkey Business Images/Shutterstock, (C) Africa Studio/Shutterstock, (B) Stanislav Samoylik/ Shutterstock; **508** Tomertu/123RF, Berke/Shutterstock; **545** Singkham/Shutterstock; **547** (T) Jean-Paul Chassenet/123RF, (B) Guy Bell/REX/Shutterstock; **548** (T)Wavebreakmediamicro/123RF, (B) Giannimarchetti/ Shutterstock.